AF578634

La courte échelle

Pascale Morelot-Palu

La courte échelle

LE LYS BLEU
ÉDITIONS

ISBN : 979-10-377-9466-6

Avant-propos

Jean-Claude est décédé il y a quatre ans. Nous nous étions rencontrés quarante ans auparavant.

Naufragés de nos enfances et adolescences difficiles, nous nous sommes accrochés l'un à l'autre pour remonter le courant et nous construire ensemble, nous aider à évoluer vers le meilleur pour chacun de nous. Oui, nous avons eu une vie extraordinaire et c'est de cela que parle ce livre.

Peu de temps après sa disparition, l'idée s'est imposée à moi : les œuvres artistiques que j'ai produites en grand nombre durant mon deuil ne concernent que moi et mon ressenti, je dois aussi écrire l'histoire de Jean-Claude pour la transmettre à mes enfants, mes petits-enfants et toute autre personne que cela pourrait aider. J'ai eu envie de créer un mythe, une légende.

Jean-Claude avait une mission de vie qu'il a assumée jusqu'à ses derniers jours, sans compter son énergie : aider toute personne en difficulté et quelle que soit l'échelle de son intervention. L'individu, avec l'enseignement et la psychanalyse. Le social, dans les associations, pour les entreprises en difficulté et par la politique. Son désir de construire un monde juste et une société respectant l'homme et les libertés ne l'avait pas quitté depuis son adolescence.

Jean-Claude se levait tous les jours avec une certitude : par l'action, on intervient dans le réel et on le change. Son éthique, ses fortes valeurs et ses compétences inhabituelles lui ont permis d'intervenir dans tant de mondes différents, sans aucune compromission, que le récit de sa vie semble être un roman.

Toute personne en contact avec Jean-Claude évoluait, apprenait, grandissait, dans une relation affective intense ; beaucoup d'entre vous me l'ont dit : « c'était mon mentor, mon père, mon frère, mon ami ».

Tout le monde savait aussi combien Jean-Claude pouvait être difficile à vivre, râleur, stressé, agressif, plein de certitudes, mais tout le monde le connaissait pour sa gentillesse et son écoute, et c'est la complexité de son caractère et de ses engagements qui le rendait si attachant.

La mort pour Jean-Claude n'était pas la mort physique, mais la mort sociale. Ce livre n'a pas pour objectif de le ressusciter, mais d'engendrer une continuité à cette vie sociale.

Durant l'écriture de cette biographie, j'ai pris petit à petit conscience de l'intrication de nos deux vies, de l'importance que chacun avait pour l'autre, des étonnantes convergences de nos histoires personnelles et de nos évolutions. Il était mon héros, tant il avait une analyse précise et des réponses justes à chaque situation, et parce que je ne serais pas ce que je suis sans l'avoir rencontré. Mais j'étais aussi son soutien, sa muse, son réconfort, celle qui avait l'ambition d'apporter de la beauté, de l'harmonie et du bien-être dans nos vies. C'est pourquoi j'ai décidé de présenter en diptyque ce qui, à l'origine, devait être une seule biographie, chacun de nous deux parlera donc en alternance.

Je vous le propose pour que chacun réalise qu'il est toujours possible de faire ce que l'on souhaite de sa vie.

Accomplir ce travail de souvenir m'a libérée et offert la certitude que, oui, j'ai bien la force de continuer sans lui.

Décembre 2021

Chapitre 1
Une révolution

On peut dire que tout a commencé fin 1976. Cela peut paraître banal, une rencontre, mais la nôtre ce soir-là, lors d'une fête dans un appartement du XIIIe arrondissement, n'a pas seulement été une rencontre amoureuse : elle a été pour chacun de nous une révélation. Mieux même : une révolution. Elle a déterminé nos vies, elle a été le point de départ de ce pacte qui nous a unis plus de quarante ans, qui nous a permis de nous libérer du poids de nos enfances et à partir duquel nous avons construit nos parcours, chacun le sien, mais toujours à deux. Personne n'aurait pu le prévoir ce premier soir où nous avons fait connaissance.

À cette époque, à 20 ans, tu avais entamé, Pascale, ta deuxième année à l'école d'assistantes sociales de l'AP-HP[1]. Parmi tes amies de promotion, plusieurs militaient à l'OCI[2], l'organisation politique trotskiste dont j'étais moi aussi un membre actif depuis plusieurs années. J'étais même le responsable politique de la cellule où militaient tes copines, et je sortais avec l'une d'entre-elles.

Ce sont elles qui ont eu la bonne idée de t'inviter à cette fête, sans aucun doute avec l'idée de te recruter. Elles savaient que tu partageais une grande partie de leurs idées sans pour autant être engagée comme elles. La politique t'intéressait bien sûr, d'ailleurs il n'a pas fallu longtemps avant que tu nous rejoignes, mais ce dont tu avais véritablement envie ce soir-là, c'était de danser…

---

[1] AP-HP : Assistance publique – Hôpitaux de Paris

[2] OCI : Organisation Communiste Internationaliste

Une super ambiance régnait dans l'appartement enfumé. Des conversations par groupes enflammés ici, quelques flirts, timides ou déjà bien engagés, là. Dans chaque recoin, ça causait, ça fumait, ça riait : bref, ça vivait.

Tu étais venue accompagnée de Pascal, ton mari depuis six mois à peine. Pourtant, j'ai vu très vite que tu m'avais remarqué et que je ne te laissais pas indifférente. Moi, je n'avais d'yeux que pour toi. Je me souviens que tu portais un jean et une tunique bleu pervenche avec de la dentelle au col et aux manches.

Alors, avec mon blouson de cuir, mon jean et ma chemise écrue en gros coton, j'ai joué au kéké pour t'épater, j'ai parlé à m'en étourdir, j'ai paradé et j'ai mis en avant mes talents de danseur de rock.

Je voyais bien que tu n'arrêtais pas de m'observer discrètement. Pour éviter que Pascal le remarque, tu t'étais assise entre ses jambes, ne lui laissant la possibilité que de voir ta nuque, pas ton regard fixé sur moi.

Plus tard dans la nuit, alors que nous n'avions échangé que quelques mots au fil des heures, j'ai vu que tu étais sur le point de partir avec lui, en même temps que plusieurs autres invités. J'ai tout de suite su que je devais agir, que je ne pouvais pas te laisser disparaître ainsi. Alors j'ai forcé ma chance. J'ai attrapé mon blouson et je vous ai suivis jusqu'à l'ascenseur.

Je ne sais pas comment je me suis débrouillé, mais lorsque la porte s'est refermée, les autres se sont retrouvés sur le palier tandis que nous étions tous les deux dans la cabine. Seuls. Côte à côte. Mi sérieusement, mi sur le ton de la plaisanterie, sans doute pour tenir à distance la prémonition qui venait de te saisir de ce qui nous attendait, tu t'es écriée : « Au secours ! Maman ! »

Par chance, personne n'est venu te secourir…

Pascal et les autres noctambules nous ont retrouvés au rez-de-chaussée. Chacun a repris sa route et sa vie. Je n'ai pas été long toutefois à te faire passer un message par l'intermédiaire de Sylvie, une de tes amies de promo : quand pourrions-nous nous revoir ?

Très vite, tu m'as répondu, et notre premier rendez-vous en tête à tête n'a pas tardé, à La Périgourdine, un café-piano jazz, à Saint-Michel, juste en face de la fontaine. Il y en aura bien d'autres, ici et là, en particulier au Victoria, un bar situé au pied du Théâtre de la Ville.

*****

Nous ne cessions de nous retrouver. Chaque séparation était plus douloureuse que la précédente. Nous ne voulions plus nous quitter. Nous ne pouvions plus. Nos caractères, passionnés et excessifs, avaient pris le dessus sur la raison. Au bout de quelques semaines, tu m'as dit sans détour : « Ton mariage n'a aucun sens. Tu peux venir t'installer chez moi. Quand tu veux. » Tu m'as noyée dans un flot d'arguments pour me convaincre, comme tu savais si bien le faire pour vaincre les réticences de tes interlocuteurs. Personne ne pouvait y résister. Moi pas plus qu'une autre, moins qu'une autre peut-être : tu as toujours su mieux que moi ce qui était bon pour moi.

J'ai encore en tête nos discussions passionnées durant ces premières semaines fébriles de notre histoire. Notre complicité intellectuelle totale venait compléter celle, aussi intime, qui liait nos corps. Très tôt, je t'ai avoué mon sentiment d'avoir trouvé une compréhension, une voie pour ma vie : toi, et cet engagement politique qui était ton quotidien. Car si j'étais à tes yeux, à cette époque si palpitante, une « gauchiste issue de la petite bourgeoisie » comme tu me le répétais pour me chambrer, ton implication à toi était totale.

Tu travaillais de nuit à l'époque, au Centre de tri postal de la Gare du Nord, et tu passais tes journées dans la ruche bourdonnante du local de l'OCI, rue du Faubourg Saint-Denis. Tu appliquais ainsi à la lettre les consignes du parti, qui demandait à ses militants de travailler en entreprise pour agir dans le réel par le biais de la lutte syndicale et du recrutement politique.

Dans ces turbulentes années 1970, les Centres de tri postaux comptaient parmi les lieux où s'exprimait le plus fortement le combat politique, car, en empêchant l'acheminement du courrier, ils avaient la capacité de paralyser le pays. Des AG, des revendications, des luttes et des grèves à répétition en résultaient. Tu y as tenu ta part. Ainsi lors des grandes grèves de l'automne 1974, tu t'étais fait remarquer en étant le leader du mouvement dans ton centre de tri.

Le militantisme occupait l'essentiel de ton inlassable énergie : tu consacrais plus de temps à tracter, à organiser des réunions qu'à trier des lettres… En parallèle à cet activisme, tu te construisais ce bagage intellectuel, politique, économique impressionnant sur lequel tu bâtiras ton parcours. De longs moments durant tes heures de travail, tu te réfugiais dans les toilettes pour y lire *Le Capital* et cette littérature économique marxiste dont tu possédais déjà toute une bibliothèque.

Tu étais ingérable, alors : sans doute que cela fascinait la petite fille sage que j'étais au fond de moi.

*****

J'ai toujours voulu changer le monde, son système économique ainsi que cette société au fonctionnement injuste et délétère. Jamais je n'ai changé d'avis là-dessus. Je suis toujours resté fidèle à ces idées et ces engagements de ma jeunesse, même si ma lutte a pris d'autres formes au fur et à mesure de mon ascension sociale. Certains croiront certainement que je me suis reniée en accédant à des fonctions prestigieuses à la Banque de France, au Trésor, à la Médiation du Crédit ou chez Deloitte : ils auront tort.

Mon but n'a jamais dévié. Quels que soient les postes que j'ai occupés, je ne me suis jamais éloignée de l'OCI et de ses objectifs révolutionnaires. J'ai juste été un clandestin infiltré dans le système, au plus haut niveau de celui-ci. Je comprends que ceux qui m'ont connu alors, chefs d'entreprises, hauts fonctionnaires, responsables politiques… puissent être étonnés, déconcertés, scandalisés peut-être, de découvrir ce double visage. Leur surprise est la preuve que j'ai bien tenu mon rôle.

Mais avant d'en arriver là, durant toutes ces années 1970 où j'étais au bas de l'échelle à La Poste, l'action politique dévorait tout mon temps. Cette vie militante était chiche bien sûr, mais aussi animée et exaltante, avec ses luttes, ses échanges d'idées, ses rencontres et ses confrontations.

Il n'a pas fallu longtemps pour que nous la partagions tous les deux, comme nous partagions la même compréhension du monde, le même engagement. Nous conjuguions le même amour aux premières et deuxièmes personnes du singulier. L'accord parfait. Nous nous étions trouvés.

*****

Deux mois après notre rencontre, j'ai franchi le pas qui allait me lier à toi définitivement, qui allait nous permettre de dépasser nos traumas d'enfance et d'adolescence, qui allait nous donner la force d'avancer dans nos vies en prenant appui l'un sur l'autre.

J'ai quitté Pascal, mon mari, et notre appartement de Vigneux, et je t'ai rejoint rue du Faubourg-Saint-Antoine, en face de l'hôpital, dans le petit appartement qu'une amie politique te prêtait depuis quelques mois, depuis une rupture qui t'avait laissé sans domicile. Ta seule obligation : t'occuper des innombrables noyaux d'avocats qu'elle faisait pousser dans toutes les pièces…

Le confort était pour le moins spartiate : la chambre était fermée à clé, tu n'y avais pas accès et devais donc dormir sur un matelas en mousse posé sur une table… Cela ne te gênait pas tant que tu étais seul. Tes heures de sommeil étaient alors réduites au strict minimum : tu leur préférais l'action militante.

C'est là que j'ai débarqué un soir. Mon père, compréhensif, m'avait déposée à la gare, avec tout mon barda. J'ai fait le reste du trajet seule, et je me suis retrouvée sur ton palier.

Tu m'avais dit que tu ne travaillais pas, je pensais donc te trouver là. Mais il n'y avait personne. Alors j'ai attendu patiemment, assise sur une marche. Qu'aurais-je pu faire d'autre ? Renoncer ? Faire demi-tour ? De toute manière, il n'y avait plus de train à destination de

Vigneux. Mais même si cela avait été le cas, je crois que cela n'aurait rien changé. Ma décision était prise.

Les heures se sont écoulées lentement, emportant peu à peu avec elles mon moral et ma détermination. Lorsque tu as fini par rentrer, vers 3 h du matin, j'ai pourtant oublié dans l'instant mes reproches et mon humeur morose tant ton bonheur était visible de me trouver devant ta porte.

Heureusement pour toi, j'adorais les mauvais garçons en ce temps-là. Alors j'ai fait semblant de croire tes explications confuses lorsque tu t'es mis à bredouiller que tu rentrais d'une balade nocturne avec un pote dans Paris.

Qu'est-ce que cela aurait changé de mettre en doute cela ? Autant le prendre avec humour… Après tout, c'était presque crédible tant tu adorais arpenter Paris en tous sens. Tu connaissais cette ville par cœur et tu n'allais pas tarder à m'entraîner dans sa découverte, moi qui n'avais jamais eu véritablement l'occasion de marcher, dont le rayon de promenade n'avait jamais excédé dans mon enfance quelques mètres autour d'une mère dont je ne pouvais m'éloigner. Pour les marches dans la capitale comme pour toutes les activités physiques et sportives dans lesquelles tu te lançais, j'allais vite apprendre que toi, tu n'avais pas de limites !

M'installer avec toi, dans cette garçonnière au confort si rudimentaire, c'était faire le grand saut, c'était rompre avec ma vie antérieure, c'était quitter l'homme que j'avais épousé quelques mois auparavant et auquel je n'avais rien à reprocher sinon que j'allais m'ennuyer toute ma vie avec lui.

Cette séparation a provoqué, un temps, drames, dissensions et controverses dans mon entourage familial autant qu'amical. Cette incompréhension était logique, dans la mesure où nous nous connaissions depuis peu. On me disait que c'était un coup de tête, qu'avec Pascal, on allait si bien ensemble.

Et c'est vrai qu'en apparence, c'était peut-être le cas. Nous étions toujours collés l'un à l'autre, Pascale et Pascal, nous nous habillions pareil, nous semblions si proches.

Mais en te rencontrant, j'ai compris que ce n'était pas vraiment de l'amour, que Pascal avait été pour moi une planche de salut pour fuir une adolescence compliquée. Je l'aimais comme j'aimais tout le monde à l'époque. Plutôt que de l'amour, j'éprouvais pour lui un sentiment tendre, rassurant et un peu morne. J'avais la certitude qu'avec toi Jean-Claude, la vie serait plus rock'n'roll…

Alors j'ai tenu bon, malgré les conseils bienveillants des uns, les remarques cruelles des autres. Ce ne fut pas un moment facile, pas une décision prise dans l'inconscience des 20 ans ; je savais que mon choix avait des conséquences, qu'il n'impliquait pas que moi. J'éprouvais de la tristesse pour Pascal, je comprenais son désarroi, sa détresse, la légitimité de son mal-être face à ce qu'il considérait comme une trahison de ma part, une injustice évidemment.

Pourtant, je n'ai jamais douté de la justesse de mon choix, pas même le jour où les pompiers m'ont appelée pour me dire que Pascal était enfermé depuis plusieurs jours chez lui avec une arme et qu'ils craignaient qu'il ne commette l'irréparable. J'ai tout de suite dit « Je m'occupe de lui », et je me suis précipitée à l'appartement. Mais à aucun moment je n'ai pensé que cela pourrait m'attendrir et que, par remords, je me laisserais convaincre de revenir vivre avec lui. Toi, tu étais contre mon intervention, craignant que je fasse marche arrière et que je renoue avec Pascal. Tu ne me faisais pas encore confiance.

Pour te rassurer sur mes sentiments vis-à-vis de lui, je me souviens t'avoir dit « avoir surtout partagé avec lui la maladie infantile de l'amour, celle de la fusion et du mimétisme ». Manière d'acter le fait qu'un amour adulte pointait à l'aube de notre attachement. Qu'une nouvelle vie commençait pour moi !

Cette nouvelle vie pour moi, c'était aussi m'approprier d'autres dimensions de l'existence grâce à toi. Même si j'avais passé mon enfance à arpenter musées, églises et monuments en compagnie de mes parents, tu avais une façon de découvrir les œuvres et les artistes plus instinctive que la mienne, au gré des conseils des uns ou des autres, au hasard de tes lectures ; tu te passionnais pour des points précis de l'histoire de l'art, bousculant ma connaissance plus générale et sans doute plus académique des grands mouvements et de leurs évolutions.

Par toi, j'ai également acquis une nouvelle compréhension sociale du monde et de son fonctionnement. Dans ces années de rupture avec mon passé, tu as ainsi tenu un rôle essentiel : d'initiateur, d'instructeur, de passeur, de révélateur aussi. À tous points de vue, tu m'as fait grandir. Je garde en mémoire avec amusement et tendresse le souvenir cuisant de cette nuit, la première que nous avons partagée, je crois, où tu m'as donné un grand coup de pied aux fesses, au point de me faire tomber du lit parce que je suçais encore mon pouce pour m'endormir : « Tu remonteras quand tu auras arrêté ! » m'as-tu lancé. Tu n'étais pas toujours adepte de la méthode douce…

Rapidement, au fil de nos conversations incessantes, nous en sommes arrivés à ce constat évident, à cette prise de conscience fondamentale : l'essentiel des problèmes auxquels nous nous heurtions résultait de nos familles et enfances respectives, des blessures qui y étaient liées et dont nous portions encore nombre de traces, et en aucun cas de ce que nous étions, toi et moi, au plus profond de nous-mêmes. Ce sont ces blocages que nous devions surmonter, c'est ce moi profond auquel nous devions nous reconnecter. Par tous les moyens. Mais ensemble. (Photo 1)

Au bout de quelques semaines, nous avons donc quitté ta garçonnière pour nous installer, en février 1977, dans un deux-pièces, rue de Tolbiac, dans le XIIIe arrondissement.

Sitôt délivrés de ce souci logistique, nous avons franchi un nouveau pas dans notre réflexion commune. La conclusion en était aveuglante de clarté : nos vies n'étaient en conformité ni avec nos compétences, ni avec nos espoirs.

C'est à ce moment que nous avons donc passé le pacte qui nous a soudés à jamais, ce pacte sans cesse renouvelé, qui disait en substance « Chacun est la solution de l'autre : à deux, et plus forts désormais, nous deviendrons ce que nous aurions dû être ».

Cela allait devenir notre mantra, le guide de notre vie commune tout au long de notre cheminement personnel et professionnel, le vademecum du fonctionnement si singulier de notre couple où, en toute occasion, l'un a toujours aidé l'autre à se construire, à développer ses connaissances et ses capacités, l'a soutenu coûte que coûte quitte à sacrifier temporairement ses propres aspirations, chacun faisant *la courte échelle* à l'autre, à tour de rôle, chacun stimulant l'autre, le poussant jusqu'à ses limites pour lui permettre de se réaliser.

Pour nous y conformer, il nous a fallu d'abord trouver la voie pour affronter nos démons. Depuis, à 15 ans, que j'avais lu Freud, Jung et les autres, j'avais développé une passion pour la psychiatrie et la psychanalyse. Je t'ai proposé de voir un psy : en tant que jeunes adultes, je savais que nous pouvions avoir un accès au dispensaire d'hygiène mentale de notre quartier, qui était alors expérimental dans le secteur de la psychiatrie.

Je pensais que quelques rendez-vous te permettraient de dénouer tes problèmes. Je n'avais alors pas pris la mesure de la profondeur de ceux-ci. Pour ma part, je savais que j'avais à régler les miens, névrotiques et d'expression existentielle : à l'époque, je voulais que la vie finisse vite…

Nous avons d'abord rencontré une praticienne, à laquelle nous avons pu parler, longuement, de nos enfances difficiles. Lors de cette première séance, à l'écoute de nos parcours, la psy s'est mise à pleurer. C'est ainsi, par le regard de l'autre, que j'ai pris conscience que les choses ne seraient pas aussi simples que je l'avais imaginé, que tout ne se résoudrait pas en quelques rendez-vous. Je me souviens parfaitement de m'être dit : « On est des graves ! »

Des années durant, nous avons donc été suivis individuellement par des psychanalystes, premiers d'une longue série tant ce vaste chantier n'a jamais vraiment cessé. Par cette démarche initiale cependant, nous avons jeté les fondements du travail de construction individuel et social qu'il nous fallait entreprendre.

Notre autre préoccupation récurrente était politique. Si travailler sur soi, afin de réparer ce qui avait été mal bâti, nous semblait indispensable, il nous semblait tout aussi urgent, en parallèle, mais pour des raisons identiques, de travailler à changer le monde.

Pour y parvenir, nous avons pris l'exact contrepied des babas cool de notre temps. Le déni de réalité ? Très peu pour nous ! Les paradis artificiels ? Pas davantage. Tes choix et ton discours militant étaient sans complaisance à l'égard de la démarche de ces jeunes qui rêvaient eux aussi d'un autre monde sans, à tes yeux, s'en donner les moyens. Moins engagée que toi dans l'action politique, plus jeune aussi, de trois ans, je me suis laissé convaincre par cette détermination farouche qui était déjà la tienne, et j'ai choisi sans hésiter de suivre un parcours idéologique identique au tien. La révolution était entre nous un objectif partagé.

Du côté de ma famille, la rivière, un moment en crue après le choc brutal de ma séparation, a fini par retrouver son lit. L'incompréhension a régné pendant des semaines, mais jamais jusqu'au point de rupture. Je t'ai donc présenté à mes parents, puis aux autres de mes proches. Très vite, au terme de ces premières rencontres, j'ai pu te rassurer : la plupart d'entre eux reconnaissaient la densité de ta personnalité et comprenaient mon choix.

Dès lors, nous avons entrepris le difficile processus de rapprochement de nos deux familles. À la fin de 1977, pour les fêtes, j'ai décidé de t'offrir un réveillon de Noël, ainsi qu'à tes parents. Je savais que ce serait une grande première pour vous. Profitant de l'occasion, j'avais aussi invité les miens dans l'appartement de la rue de Tolbiac. C'était une manière d'officialiser notre couple à leurs yeux à tous. Je souris encore quand je repense à la manière dont tu as mis le paquet afin d'épater un peu la galerie, et notamment mon père, allant jusqu'à déployer pour l'occasion d'inattendus talents de décorateur qui resteront sans lendemain.

Tu chercheras régulièrement à l'impressionner en lui faisant miroiter tes capacités de bricoleur. Il racontera souvent une anecdote survenue lors d'un autre dîner et qui l'a longtemps fait rire : il y avait, dans le couloir d'entrée de notre appartement, un vélo en pièces détachées dont tu l'avais assuré que tu allais le réparer. Quand nous avons déménagé, deux ans plus tard, l'engin s'y trouvait toujours… dans le même état…

Dès 1979, nous avons tourné nos yeux plus loin vers l'horizon. On s'est dit avec enthousiasme : « Faisons un enfant maintenant. Ce serait formidable pour lui d'avoir 20 ans en l'an 2000 ! » Mais quand j'ai annoncé à mes parents que j'étais enceinte, leur réaction a été tout autre. Sans doute nous trouvaient-ils encore bien immatures, bien peu installés dans la vie, à peine sortis des galères financières que nous avions traversées depuis notre rencontre.

Pendant des mois en effet, nous n'avions vécu que de ma bourse, de mes maigres économies et d'un prêt que j'avais fait auprès d'amis de mes parents, en m'engageant à le rembourser dès que j'aurai mon diplôme. Au total, à peine 1500 francs par mois. Naïvement, j'avais cru au début que viendrait s'y ajouter ton salaire de postier, avant de comprendre que, comme tous les militants de l'OCI, tu en reversais 60 % au parti. Autant dire que les factures avaient vite fait de dévorer le tout, et que certains soirs, nous n'avions pas grand-chose à nous mettre sous la dent.

Il y eut ainsi des périodes de vaches très maigres, de coupures de chauffage, de faim au ventre. Nous étions heureux malgré tout, au chaud sous la couette. Cela ne t'empêchait pas de dépenser cet argent que nous n'avions pas, comme cette fois où tu m'as offert une magnifique marionnette de Pierrot et que tu t'es retrouvé avec ton compte bloqué. Ce Pierrot est toujours là : il attend fidèlement nos petits enfants dans notre maison bretonne, perché sur la lune que je lui ai fabriquée.

Tu avais alors un comportement irrationnel avec l'argent, une sorte d'incapacité à être adulte et à prévoir. Cela m'a forcée, moi qui déteste être dans une situation d'insécurité, à prendre les choses en main, à apprendre à gérer, à organiser. Ça n'a jamais été un problème, cela fait partie de mes compétences. À l'avenir, la plupart du temps, le suivi des décisions matérielles et de gestion m'incombera dans notre couple.

Chapitre 2
Naufragés de nos jeunesses

La bâtisse en pierre épaisse, de plain-pied, est si basse qu'elle paraît ramassée sur elle-même. Vue de plus loin, noyée au milieu d'un paysage de campagne monotone et maussade, on la dirait tout droit sortie de quelque cul de basse-fosse végétal. Comble de tristesse, sa façade orientée au sud bute sur la pente d'une colline, tournant le dos au paysage et à la rivière.

Bienvenue aux Neuvillettes, lieu-dit de la ville d'Ecommoy, au cœur d'une région surtout connue pour la qualité de ses rillettes : la Sarthe. (Photo 2)

Cette maison, qui suinte le dénuement et l'ennui, Pépé et Mémé s'estiment toutefois heureux de pouvoir l'acquérir en 1950, après le décès du père nourricier de Pépé, le Père Simon, agriculteur de son état. (Photos 3 et 4)

Pour cela, le couple a réuni, sou après sou, ses maigres économies thésaurisées pendant les années précédentes, au prix d'un dur labeur quotidien sur ce coin de terre où ils ont grandi.

Ils y sont arrivés nourrissons, placés chacun dans leur famille d'accueil respective. Car Pépé et Mémé sont tous deux des enfants abandonnés qui ont uni leurs destinées. Je suis leur fils, Jean-Claude.

Mémé se prénomme Léontine, et tout le monde l'appelle ainsi. Elle travaille comme bonne dans des maisons bourgeoises des environs. Pépé, c'est-à-dire André, est ouvrier agricole.

Leur vie durant, mes parents sont restés des gosses balafrés par leur abandon dû à la Grande Guerre. André Palu naît en 1916, à Paris. Sa future épouse, née Le Moullec, voit elle aussi le jour dans la capitale deux ans plus tard, tandis que les combats font encore rage : dans les mois qui suivent la naissance de Léontine, en janvier, plus de 500 000 Parisiens fuiront la ville menacée par les incessants bombardements allemands.

Tous deux sont abandonnés dès leur plus jeune âge par des mères se déclarant dans l'impossibilité de nourrir leurs bébés ou de payer des nourrices ; recueillis par l'Assistance publique, ils sont placés dans des familles d'accueil paysannes de la même ville d'Ecommoy, mais dans deux hameaux différents.

De ces mères, ni lui ni elle ne sauront rien. Paniquée de s'imaginer fille d'une prostituée, Mémé refusera jusqu'à la possibilité de mener une enquête de toute façon bien inutile puisque sa mère avait brouillé les pistes en faisant disparaître son lieu de naissance.

Je m'en rendrai compte des années plus tard lorsque, profitant du temps libre imposé par une entorse alors que je commence mes études au Conservatoire national des Arts et Métiers, j'entreprends de renouer les fils de mon histoire familiale si bancale en partant à la recherche de ces inconnues qui avaient rejeté mes parents.

Je le fais pour eux bien sûr, mais surtout pour moi, pour tenter de me réparer à un moment de ma vie où l'idée de famille prend un nouveau sens : en cette fin 1979, je m'apprête à devenir père puisque tu es enceinte, Pascale.

Si j'abandonne vite ma quête du côté de Mémé, ma persévérance finit par payer concernant Pépé. Je découvre en effet l'adresse de sa mère, à Lyon. Avant de l'y emmener, je me rends dans ce petit pavillon où j'aperçois un vieil homme qui jardine.

Je lui demande si Maria Palu habite bien là :

« Je viens vous voir parce que je suis votre petit-fils.

— Ce n'est pas possible, nous n'avons pas eu d'enfant.

— Vous non, mais votre femme oui. »

Je lui raconte cette histoire dont il n'a jamais rien su, son épouse ayant tout fait pour effacer son passé, changeant de prénom et d'âge.

Désormais souffrant de la maladie d'Alzheimer, ce passé est effacé pour elle. Pourtant, lorsqu'elle voit Pépé, elle le regarde avec une telle intensité qu'on pourrait croire qu'elle le reconnaît. C'est un moment bref et intense. À l'issue de cette rencontre, son mari murmure à Maria : « Si tu m'avais parlé de cet enfant, on l'aurait pris chez nous ».

Par la faute de ce silence, l'enfance d'André, comme celle de Léontine, se déroule autrement, dans des familles d'accueil pas toujours très accueillantes et, lourd tribut, la mienne en sera hélas chamboulée.

Les gens qui recueillent des enfants, en ces temps si rudes de la guerre et de l'immédiat après-guerre, le font en effet soit pour l'argent, ne serait-ce que pour améliorer un peu l'ordinaire, soit par vocation. La petite Léontine a de la chance, sa famille relève de la seconde catégorie : elle gardera d'ailleurs des liens toute sa vie avec ses frères et sœurs de lait.

Les choses sont plus sombres pour André. Non content de l'exploiter sans vergogne dès qu'il est en âge de travailler, le couple d'agriculteurs qui le prend en charge le prive de tout. Il trime aux champs toute la journée et dort dans la soue à cochons. De surcroît, ce foyer sans chaleur est dépourvu de la présence d'un autre enfant. Il y grandit donc seul, sans camarade de jeu.

L'école aurait dû sans doute lui servir à se faire des copains, mais quand on est de l'Assistance publique... À Ecommoy, il n'y en a qu'une : c'est donc là que les deux infortunés se rencontrent.

Le malheur partagé et leur singularité les rapprochent. La cape bleue et les sabots de bois, qui sont les signes extérieurs des pupilles de la Nation, les exposent aux quolibets, et parfois à la méchanceté des autres gamins. Ils sont bien obligés de se serrer les coudes.

Par chance, un excellent instituteur « à l'ancienne » veille et les prend sous son aile. Il les accompagnera, sans relâche, de la communale jusqu'au certificat d'études qui marque la fin de leur scolarité. Grâce à ce maître dévoué, rare rayon de soleil de leurs jeunesses moroses, tous deux savent lire, écrire et compter à la perfection.

Mémé fait d'ailleurs de la lecture, dès l'adolescence, une échappatoire au réel, s'étourdissant des livres que certaines de ses riches patronnes, compatissantes, lui prêtent. Elle les dévore le soir après le travail, en croquant une pomme ; elle évoquera toujours ces moments de liberté comme ayant été « un de ses rares plaisirs dans la vie ». Conséquence de ces lectures de tous ordres, elle découvre et apprend nombre de choses essentielles dans de multiples domaines.

Pépé, lui, n'a guère le loisir de s'évader. Il passe le plus clair de son temps aux champs. Mal aimé, mal traité, mal nourri (il est parfois contraint de manger des racines), il porte très tôt les stigmates physiques de cette vie rude et ingrate : dès l'âge le plus tendre, la malnutrition lui fait perdre toutes ses dents.

Les deux jeunes gens se fréquentent, se marient en novembre 1941 à Ecommoy et vivent chez le père Simon à Neuvillettes.

Les années passent, immuables et tristes. Durant les années de guerre, Pépé est envoyé en Allemagne dans le cadre du STO[3]. Il ne cessera d'en reparler jusqu'à son décès, pendant les repas de famille, comme de « la meilleure période de sa vie : on buvait du champagne et on rigolait, c'était riche là-bas, je n'ai jamais retrouvé ça chez mes patrons en France ».

« Les enfants issus de l'Assistance Publique doivent savoir se débrouiller tout seuls », répète leur instituteur toute leur jeunesse. Ils retiennent la leçon, et, en dépit des faibles moyens dont la vie les a dotés, ils vont s'efforcer, avec succès, de demeurer autonomes, de l'adolescence jusqu'au terme de leurs existences.

Léontine, assurément, sait faire. Elle a eu l'habileté de prendre pour modèles ses patronnes successives.

Cette faculté d'adaptation a pourtant d'évidentes limites : chaque événement sortant de l'ordinaire – y compris le plus anodin – prend, à ses yeux, des proportions démesurées, au point de la rendre malade, au sens propre du terme. Ainsi, à chacune de nos visites, elle sera prise

---

[3] STO : Service du Travail Obligatoire

de violentes coliques nerveuses dès notre arrivée, se précipitant dans les toilettes pour s'y retrancher de longs moments. Je n'ai pas souvenir qu'elle nous ait épargnés, ne serait-ce qu'une fois, ce cérémonial tragi-comique au cours des décennies. Comme si le simple fait de nous voir la mettait dans cet état, l'incapacité au bonheur…

Si Mémé a réussi, même imparfaitement, à changer, à s'accoutumer à d'autres modes de vie, à aller de l'avant, Pépé n'en aura jamais la capacité. Jusqu'à sa mort, il restera l'enfant de la Grande Guerre, tenaillé par la trouille et l'insécurité, puis mû par un instinct de survie égocentrique et quasi pathologique, avant d'atteindre son discutable statut d'adulte.

Une triste anecdote suffit pour s'en convaincre : celle du vélo acheté comme cadeau de communion pour mes 11 ans. Ce vélo d'occasion, de couleur rose, racheté à la fille de mon parrain, est le premier cadeau digne de ce nom offert par mes parents. Pourtant, dès le lendemain, mon père le met sous clé puis s'en approprie l'usage exclusif. Jamais il ne daignera me le rendre. Des décennies plus tard, alors qu'il chevauche encore cet engin, il meurt, à 72 ans, d'un accident vasculaire cérébral en rentrant du marché, au sommet d'une côte !

Les années d'après-guerre sont aussi dures pour le jeune couple que celles qui les ont précédées. Cette vie de privations et de meurtrissures pèse à Mémé. Les voilà trentenaires, toujours à travailler beaucoup, chaque jour, sans parvenir à s'extraire de leur condition. Ils sont comme englués.

Ce constat amer détermine la décision, irrévocable, de ma mère : s'ils veulent connaître un sort meilleur, ils doivent partir. Elle jette alors à mon père cette phrase sans réplique, maintes fois relatée par la suite : « On s'en sortira jamais en restant dans la Sarthe. Je pars à Paris, tu me rejoins dès que je trouve un travail et un logement ».

Léontine quitte Neuvillettes sans regret pour s'installer dans un modeste hôtel du Xe arrondissement de la capitale. Elle fait des ménages, découvre la ville, une autre vie. Son mari l'y retrouve quelques mois plus tard et décroche un emploi dans une usine de métallurgie de la banlieue nord.

Pendant une fête de mariage, en 1952, Mémé tombe enceinte. L'ACCIDENT. Les épousailles, neuf années plus tôt, s'étaient pourtant conclues sur la base d'une idée-force, quasi obsessionnelle : ne surtout pas avoir d'enfants. Sans doute parce qu'ils partageaient un même sentiment d'impuissance à l'idée de les élever. Je suis le fruit de cet accident. Il n'y en aura pas d'autres : après ma naissance en mars 1953, Mémé sera ménopausée. Elle a 35 ans. (Photo 5)

*****

Je suis née en août 1956, à Paris, d'une maman à laquelle les médecins ont pourtant interdit d'avoir un enfant à cause de son cœur, trop faible pour supporter un accouchement. Jamais plus elle n'aura l'activité physique d'une jeune femme de son âge, et ses problèmes cardiaques, après ma naissance puis celle de mon frère, feront péricliter encore sa santé.

Mes parents sont originaires d'Évreux où ils se sont connus dès l'adolescence, parce que Jacques, mon père, était un ami d'enfance d'Aimé, le frère aîné de Christiane, ma mère.

Mes grands-parents maternels tenaient une graineterie, installée en centre-ville. Ils ont reçu une éducation assez bourgeoise qu'ils n'ont pas manqué de transmettre à leur progéniture. Ma mère, après un bac latin et grec, se destine à une carrière d'enseignante qu'elle ne pourra mener à bien à cause de sa santé.

Ma parentèle maternelle jouit d'une respectabilité d'autant plus importante qu'elle s'est beaucoup investie dans la Résistance, pendant les années sombres de l'Occupation. Mon oncle en particulier a appartenu à un réseau et été emprisonné peu de temps avant la Libération : il fut fort heureusement libéré par des soldats allemands pressés de battre en retraite. Des aviateurs, Français et alliés, recueillis dans la campagne par les miens, n'ont pas toujours eu cette chance. Certains furent arrêtés, et parfois exécutés, sous leurs yeux, ceux de ma mère au premier chef. Elle n'avait pas plus d'une quinzaine d'années…

Ce traumatisme la poursuivra tout au long de son existence, tout comme le souvenir d'autres drames subis durant la guerre, entre deux descentes de la Gestapo dans le magasin familial. Le pire de tous ? Se retrouver enterrée vivante dans une tranchée, lors d'un bombardement, lorsqu'un obus tombe à côté d'elle et que la terre la recouvre et l'étouffe. Elle n'a la vie sauve que grâce à une prompte intervention des témoins d'une scène qui hantera pour toujours ses cauchemars : elle passera désormais toute sa vie dans cette tranchée. De manière symbolique certes, mais aussi parce que son cœur trop faible, qui ne bat qu'à 33 pulsations par minute, fait qu'elle manque sans cesse d'oxygène.

Aux problèmes physiques engendrés par cette santé délicate – elle ne peut pas courir, pas monter un escalier, pas porter de sac lourd – s'ajoute un état psychologique tout aussi fragile : j'ai 3-4 ans lorsque je la vois en proie à de spectaculaires crises d'angoisse, une des manifestations de l'état dépressif chronique dont elle ne cessera jamais de souffrir. Mon enfance est ainsi bercée par cette double faiblesse de ma mère.

Conséquence logique, il me faut être sage, éviter le bruit et l'agitation afin de ne pas la perturber. Je ne dois pas non plus m'éloigner d'elle afin de rester à portée de regard. Chacun dans son entourage, moi la première, doit prendre soin d'elle et la surveiller pour pouvoir intervenir si besoin, lui donner ses gouttes en cas de malaise cardiaque. Toute petite, je dis à mes amies : « Ma maman, son cœur, y marche pas ». Une phrase tellement à double sens qu'elle me fait sourire aujourd'hui…

Mon père, pour sa part, descend d'une famille d'épiciers. Ses parents étaient propriétaires d'un bar-épicerie dans l'un des quartiers populaires d'Évreux. Issu d'un milieu familial plus simple que celui de ma mère, cela ne l'empêche nullement, en ces années de disette, de se faire traiter de gosse de riches par les enfants des alentours.

Ses études ? « La pro », au milieu de ses condisciples, futurs artisans des métiers du bois. Une adolescence contrariée par la présence de la guerre, il traverse l'Occupation en tant que volontaire Croix-Rouge et responsable de quartier. À 17 ans, il a pour mission d'organiser le refuge des familles du voisinage dont les maisons sont détruites, dans les grottes naturelles de la colline, et d'y maintenir l'ordre. Il s'y forge un caractère.

Après la Libération, diplômé de la prestigieuse École Boulle et formé parmi les Compagnons du Faubourg Saint-Antoine, il exerce à Paris, au cœur du quartier, en tant qu'ébéniste-marqueteur. Sa passion est devenue un métier.

Seul à Paris, Jacques rentre le week-end où il retrouve sa famille, son copain Aimé et la sœur de ce dernier… Il se rapproche d'elle, la fréquente lors de ses séjours à Évreux, va la chercher au ministère de la Reconstruction où elle travaille, l'invite, lui offre des cadeaux… : « les Amoureux de Peynet », comme les appelle un de leurs amis…

La famille de ma mère ne partage guère l'enthousiasme de celle-ci pour son bien-aimé et vit le rapprochement de mes futurs parents comme une régression sociale pour sa fille. Pourquoi celle-ci n'a-t-elle pas jeté son dévolu sur un autre ami du frère, mieux éduqué et plus fortuné ?

Qu'importe. Dès que le salaire de mon père lui permet de quitter sa chambre d'hôtel du faubourg Saint-Antoine, les deux jeunes gens s'installent à Maisons-Alfort, près de Paris, malgré le désaccord parental.

*****

La vie quotidienne à deux dans la minuscule chambre d'hôtel parisienne qu'occupent mes parents n'était déjà pas simple : avec un nourrisson en plus, elle devient un interminable cauchemar éveillé. Il faut chauffer les biberons, laver le bébé, faire les courses, préparer les repas, nettoyer puis sécher le linge, mais aussi, pour André, se lever aux premières lueurs de l'aube afin d'aller travailler.

Or, je pleure la nuit, comme tous les bébés du monde lorsqu'ils réclament une tétée. La coupe déborde. Privé de sommeil et à bout, Pépé suggère de m'abandonner à l'Assistance publique, quitte à perpétuer ainsi cette malédiction familiale. Le ton monte.

« On ne peut pas le garder ici. Je travaille à l'usine, tous les jours. C'est dur. Il faut que je dorme.

— Non. Hors de question de lui faire ce qu'on nous a fait. Il reste », répond Mémé.

Il cède. Je reste.

Mais bien sûr, cela ne règle rien sur le fond : ni Pépé ni Mémé ne sont faits pour être parents, rien ne les y a préparés. Ils se débrouillent tant bien que mal, souvent plutôt mal que bien.

Si elle avait eu le choix, Mémé aurait sans doute préféré enfanter une fille. Elle s'avoue incapable de s'occuper d'un petit garçon, *a fortiori* s'il se montre rebelle et difficile à élever. Elle me maintient donc, les cinq premières années de ma vie, dans une apparence de fille, et attifé en conséquence.

Les souvenirs, pour ne pas dire les traumas, de cette période seront toujours très présents dans ma mémoire, toujours prêts à remonter à la surface, comme en témoigne l'anamnèse que je réalise, devenu adulte, pendant mes démarches psychanalytiques : « Ma mère m'a laissé pousser les cheveux. Je ressemble à une petite fille, et puis j'ai aussi des barboteuses blanches. Ma mère voulait une fille. Alors ça dure ! Dure et dure encore. Un jour enfin, elle promet de me faire couper les cheveux. On finit par y aller. Sur le boulevard Brune, je crois. J'entends qu'ils parlent beaucoup, avec le coiffeur, avant que cela commence. On me met sur un grand fauteuil. Dans la glace, je me vois en fille et puis il me coupe les cheveux, en me laissant une mèche en haut, à la Tintin. Ma mère dit qu'elle aime mes cheveux bouclés. Elle en ramasse par terre pour les garder. Moi, je suis content. Fier de me retrouver garçon. Oui, je suis redevenu garçon. Ces cheveux, me faire fille, c'était juste la volonté de ma mère. » (Photo 6)

En 1955, mes parents parviennent enfin à nous faire quitter le réduit miteux où nous vivions entassés les uns sur les autres. Ils achètent un petit studio sur cour, sombre et vieillot, à côté du local à poubelles d'un bel immeuble de la rue Morère, dans le XIVe arrondissement.

Timide ascension sociale ? Non, hélas, plutôt une contrepartie du malheur qui s'acharne. Victime d'un grave accident du travail à l'usine de métallurgie, Pépé en est sorti invalide pour le restant de ses jours : sa main droite, happée par une énorme presse, a été broyée sous la masse. Mince consolation, l'indemnité versée leur permet ce premier déménagement. La pension d'invalidité à vie qui lui est par la suite octroyée leur permet, en doublant son salaire, de finaliser l'achat suivant, cinq ans plus tard : au même sinistre rez-de-chaussée sur cour du même bâtiment, un appartement de trois pièces se libère. André et Léontine n'hésitent pas. Ils décident d'acquérir ce logement, plus grand certes, mais tout aussi indigne que le précédent, et tout aussi chiche en lumière naturelle.

Mes pensées sont pareillement sombres, comme en témoignent les souvenirs resurgis lors de mes séances d'analyse : « C'est avant l'accident de mon père. Je suis tout petit et passe du temps, le soir, dans la cuisine avec ma mère pendant qu'elle prépare leur repas. Moi, j'ai déjà mangé avant qu'il ne rentre du travail. La pièce est toute petite, avec une toute petite fenêtre sur laquelle il y a des barreaux. Il y a une porte qui donne sur une courette et tout est très sombre. Dans un recoin, à côté d'un petit placard, se trouve la petite table sur laquelle nous mangeons. Par terre, il y a une sorte de tapis. Plutôt une carpette d'évier. Tous les soirs, je me débrouille pour jouer avec la petite voiture qui appartient au petit voisin d'à côté qui accepte de me la prêter. Je suis un peu le fils de pauvres, avec le fils de riches qui a une petite voiture alors que je n'en ai pas. Moi, pour jouer, on me donne un bout de ficelle, des choses comme ça… »

Pour échapper à la grisaille parisienne, il reste la maison de Neuvillettes où nous retournons aussi souvent que possible pour y retrouver quelques proches, mais aussi pour essayer de mener une vie plus saine.

Pour se soigner, des manques et privations de leur enfance, Pépé et Mémé ont dès cette époque, avec plusieurs décennies d'avance, choisi de manger bio tout en éliminant tout à la fois la viande, le lait de vache et les produits qui en sont dérivés. Pépé n'hésite donc pas à enfourcher son vélo pour aller jusqu'au Mans acheter pain, farine et denrées biologiques à La Vie Claire, quitte à y mettre le prix. Ces dépenses sont compensées par les économies substantielles réalisées en se nourrissant de leur propre production de légumes, récoltée à Neuvillettes. Leur credo de l'époque tient en quelques mots : « On a beaucoup souffert et nous sommes déjà abîmés pour nos âges. Il faut qu'on se répare. »

Cette recherche d'une alimentation de meilleure qualité est également motivée par ma santé qui inquiète mes parents et les médecins. Ceux-ci détectent ainsi durant mon enfance des traces de rachitisme, héritage des conditions de vie très dures de mes premières années et de leurs carences alimentaires, notamment en produits laitiers, que ma mère n'a pas su combler et dont les conséquences dommageables apparaissent bien visibles : je tarde à marcher.

Ces carences me valent d'être signalé par l'assistance sociale comme « enfant de pauvres », une forme d'humiliation contre laquelle je n'aurai de cesse de vouloir prendre ma revanche. En attendant, pendant plusieurs années, je suis suivi au dispensaire du quartier. Une photo, poignante, prise devant le bâtiment me montre tel que j'étais à l'époque, petit garçon chétif, mais au regard vif, tenant un écriteau où figure mon numéro d'enregistrement. (Photo 7)

Ce n'est pas une époque heureuse depuis l'accident de mon père, les souvenirs retrouvés dans mon anamnèse en portent trace. « Je suis avec mes parents et mon parrain à Rochereau. C'est là que coule la rivière en bas, à Neuvillettes. Tout le monde est jeune et moi tout petit. Ils se fichent de moi parce que je marche, depuis pas longtemps, et que j'ai peur des limaces. Il y en a partout. Des limaces rouges, orange, et moi, j'ai peur des limaces. Je refuse de mettre les pieds par terre et cherche à m'accrocher à ma mère. Mais elle me repose sur le sol. Alors je marche sur la pointe des pieds. Ma mère devrait me défendre. Elle ne le fait pas. Je sais que quoi que je fasse, et même si j'en évite, à un moment donné je vais marcher sur une limace et c'est l'horreur… »

Chaque été, je passe les vacances scolaires dans la Sarthe. (Photo 8)

La sœur nourricière de Mémé, Madeleine, a épousé Georges, un bûcheron. Tous deux habitent dans la forêt de Bercé à Jupilles, à une quinzaine de kilomètres d'Ecommoy. Plantée, à l'initiative de Colbert, de chênes destinés à devenir les mâts des navires de l'an 2000, elle attire autant qu'un aimant géant le gosse aventureux que je suis alors.

Je participe avec plaisir aux tâches agricoles et aux moissons, j'apprends à abattre des arbres aux côtés de Georges, ainsi qu'à cueillir des champignons. Madeleine a eu treize enfants, parmi lesquels onze ont vécu, que j'ai toujours considérés comme de véritables cousins.

Dès qu'on arrive dans la Sarthe, le rituel est immuable. On file vers la modeste maison si accueillante de Madeleine et Georges et de leur abondante progéniture : on y partage des tartines de pain aux rillettes, au beurre et au fromage, qui changent de mon régime habituel.

Je coule à Neuvillettes des jours de liberté et de bonheur au milieu de cet océan de grisaille qu'est habituellement ma vie, je m'amuse, je fais des bêtises comme celle-ci, devenue par la suite une « légende » dans la famille : après avoir escaladé le tracteur du Père Feufeu, notre voisin, je parviens à le faire démarrer puis à le conduire à travers la cour de la ferme. Problème, au moment de l'arrêter, je m'en révèle bien incapable et l'engin termine sa course dans la mare ! Si elle nous a fait rire des années durant, cette mésaventure m'a valu sur le moment de recevoir la raclée de la décennie.

Un autre été cependant, un drame vient assombrir cette parenthèse enchantée des vacances. Pendant les moissons, une jeune maman a déposé son nourrisson à l'ombre, au pied d'un arbre, après l'avoir allaité. Profitant d'un court moment d'inattention de la mère, une vipère s'est glissée dans l'arrière-gorge du bambin afin d'aller y boire le lait dont ces sales bestioles sont si friandes. Le petit meurt. Traumatisé par cet épisode, je conserverai tout au long de mon existence une phobie des serpents.

Mais les étés ne sont pas éternels, et à chaque rentrée, il faut retourner à Paris et retrouver la tristesse de l'appartement sans lumière et le mépris de classe dont je suis victime.

À l'école maternelle du XIVe arrondissement où l'on m'a inscrit, je subis en effet à mon tour, en un peu moins cruelles, les avanies vécues par mes parents au même âge. Tout dans mon apparence générale, que ce soit la manière dont je suis vêtu ou celle dont je m'exprime, révèle, jusqu'à la caricature, le décalage socioculturel total entre ma famille et notre voisinage. Et on me le fait bien sentir. Heureusement, mon esprit vif et mon tempérament espiègle ne tardent pas à m'attirer de nouvelles amitiés parmi les écoliers. Leurs mamans prennent elles aussi en pitié et en affection le môme maigrelet et hâbleur qui accompagne souvent leurs progénitures. Me voilà alors invité chez mes copains. D'abord à lire, à travailler et à s'amuser puis, bientôt, à manger. C'est l'occasion pour moi de me régaler de cette viande qui est proscrite chez nous.

Pépé et Mémé mettent un point d'honneur à se rendre, chaque dimanche matin, à la messe de la grande église d'Alésia. Ils se risquent à proposer au curé de m'y former en tant qu'enfant de chœur. Très vite, ce prêtre plein de bienveillance s'attache à moi et me témoigne sa confiance en me déléguant la garde d'enfants plus jeunes. Jusqu'à l'adolescence, dans des colonies de vacances organisées durant l'été, je ferai ainsi office de moniteur, apprenant même à jouer de la guitare, pour la plus grande joie des gosses.

Comment expliquer que, malgré la foi de mes parents et ma fréquentation régulière de l'église, nous n'ayons jamais, dans mon enfance, fêté Noël ? Je ne découvrirai cette fête que grâce à une de mes institutrices qui, émue par ma situation, parvient à convaincre la classe de m'offrir un sapin – prétendument tiré au sort parmi tous les élèves – quelques jours avant le réveillon. Je n'ai pas beaucoup le temps de m'en réjouir puisque mon père, comme premier cadeau bien avant le fameux vélo rose, y glisse… un martinet ! D'après lui, depuis son accident, je me montre très perturbé, toujours plus turbulent et prompt « à faire les 400 coups ».

Pépé et Mémé vont donc désormais me brandir mon cadeau sous le nez à la moindre occasion. Jusqu'au jour où, profitant d'une brève absence de ma mère, j'en coupe toutes les lanières, avant de le remettre à sa place, dans un geste d'intolérable provocation à leurs yeux. Une rébellion, à la fois burlesque et triste, que ma mère, impavide, contera en boucle à toute oreille complaisante qui passe, pendant de longues années, ne serait-ce que pour mieux souligner combien « il était dur à ce moment-là ».

À la moindre occasion, elle répète d'ailleurs : « Jean-Claude, jusqu'à 4 ans, était mignon, avant de devenir méchant ». À telle enseigne selon elle « qu'il n'y a plus eu moyen… ».

Alors pour tenter de me canaliser, de me dompter, on me punit, on me prive, on m'interdit les choses les plus folles. Je n'ai ainsi pas le droit, chez mes parents, d'accéder à la nourriture de ma propre initiative. Me servir deux morceaux de sucre ou un biscuit relève, pour eux, du vol pur et simple. La nourriture est donc enfermée le soir derrière des verrous, après avoir été transportée de la cuisine vers la salle à manger. Cela n'ira pas sans répercussions, et j'en ai conservé toute ma vie les séquelles : où que je sois invité, je m'arrange systématiquement pour entrer dans les cuisines afin d'ouvrir les portes de réfrigérateurs. Pour me rassurer. La vue d'un frigo vide, ou simplement dégarni m'a ainsi toujours plongé dans une détresse incoercible. La peur de manquer…

Comment s'étonner dans ce contexte que ma scolarité soit tout sauf un long fleuve tranquille ? Si l'on en croit ma mère, elle est même chaotique. Je parle beaucoup en classe durant les cours et peux, globalement « mieux faire », ainsi qu'en attestent mes bulletins trimestriels. Mes études sont un échec, une impasse : je ne persévère même pas jusqu'au bac.

Je sais d'instinct que, pour espérer m'en sortir, il me faut rompre avec cette vie, avec ce passé, avec ce milieu.

Cela advient à l'adolescence. Cela passe d'abord par ma rupture « idéologique » avec les curés du quartier –, y compris celui de la paroisse d'Alésia dont j'avais été si proche. Dans la foulée, à 17 ans, je fais une demande d'émancipation qui est acceptée.

Je n'ai plus de comptes à rendre à personne.

Comme le redoutait mon père quelques années plus tôt, je me mets alors à beaucoup « traîner la rue » avec des copains, jusqu'à ce que des membres de la cellule locale du SAC, le très musclé Service d'action civique gaulliste, me repèrent puis me recrutent, comme ils recrutent alors parmi la jeunesse désœuvrée et sans perspectives, issue des milieux défavorisés. Quelques semaines plus tard, en novembre 1970, je participe ainsi au service d'ordre des obsèques du général de Gaulle à Colombey-les-deux Églises.

Mon engouement pour cette besogne se trouve rapidement terni par un fait divers sordide : dans un café du XIVe arrondissement, j'assiste à une rixe qui se conclut par la mort d'un homme, tué par les sbires de l'organisation. Épouvanté, je parviens à m'échapper par la fenêtre des toilettes sans attendre les suites de ce drame et surtout en me jurant bien de ne jamais plus remettre les pieds dans ce groupuscule sulfureux.

Je n'abandonne pas la politique pour autant, et c'est sur un tout autre bord que je vais rencontrer ce qui sera l'engagement de ma vie.

Cela se passe sur mon lieu de travail. Après avoir pendant quelque temps tiré des câbles dans des souterrains sous les pistes d'atterrissage des aéroports, je travaille chez Bobin, une usine de lavage de tapis, quand je fais la connaissance des militants trotskistes de l'AJS, l'Alliance des jeunes pour le socialisme, organisation née en 1968 et qui sert d'antichambre à l'OCI, l'Organisation Communiste Internationaliste.

Convaincu par leurs discours qui rejoignent ma profonde conscience de classe, je m'engage à fond à leurs côtés. Mes nouveaux amis me le répètent : pour devenir l'un des leurs, dans la durée, il me faut un vrai travail, fixe. Je me décide donc à passer le concours de préposé à la Poste, avec succès.

Devenu agent de tri postal, je choisis le Centre de tri de Paris-Brune. Lorsque j'annonce la nouvelle à mes parents, leur bonheur est total. Pour un ouvrier agricole et une femme de ménage, avoir un fils préposé à la Poste représente une indéniable réussite sociale. À leurs yeux, en accédant à la Fonction publique, je suis arrivé au terme de mes possibilités de progression.

Pourtant, plus que ce travail et ce nouveau statut, ce qui me passionne et mobilise toute mon énergie, c'est le militantisme que je peux y déployer. Je suis sur tous les fronts : je participe aux réunions, j'organise les grèves dans mon centre de tri. Pendant mes rares moments de relative quiétude, je lis Engels, Marx, Lénine et Trotski. (Photo 9)

Ce sont des années de formation politique et économique à marche forcée durant lesquelles je me construis, durant lesquelles je jette les bases de ma vie à venir, durant lesquelles aussi je te rencontre…

*****

Mes premiers souvenirs sont gris et tristes. Il y a l'état de santé de ma mère bien sûr, mais aussi les accidents à répétition dont mon père est victime dans son travail à l'usine. J'ai deux ans lorsqu'il se coupe un doigt sur une scie circulaire. Pour la petite fille que je suis, ce n'est pas tant la réalité de l'accident qui me heurte de plein fouet que la réaction de ma mère : à peine ouvre-t-elle la porte au contremaître venu lui annoncer la nouvelle qu'elle s'effondre, en larmes ; l'homme pourtant n'a pas eu le temps de dire un mot. Paralysée par son comportement, je me cache dans le placard d'entrée en me bouchant les oreilles, persuadée que papa est mort.

Un second accident survient dans les mois qui suivent. Cette fois, mon père reçoit un éclat de bois dans l'œil qui manque l'éborgner pour le restant de ses jours. Même visite du contremaître et réaction identique de maman. Une nouvelle fois, je suis bouleversée. Papa, transporté en urgence à l'hôpital, a la tête et les yeux bandés lorsque nous accourons à son chevet. Jamais je ne pourrai regarder, dans la série télé de l'époque, L'Homme invisible défaire son bandage…

C'est dans cette atmosphère où tout m'inquiète que je grandis. J'ai beau collectionner chaque année prix d'honneur ou d'excellence à l'école, celle-ci me rend physiquement malade. Les examens quant à eux me terrorisent, le sport me fait peur et la rue même suffit à m'insécuriser. Bref : ma mère a déteint sur moi.

Alors, je me réfugie dans les livres. Puis je me mets à dessiner et écrire sur une machine offerte par mes parents à l'âge de 6 ans et que j'utiliserai encore à l'âge adulte, pour nos études. Je peins, comme tous les enfants, mais j'y prends un tel plaisir qu'il s'agit sans doute des premiers signes de la vocation à laquelle je succomberai quelques décennies plus tard. Mon grand plaisir ? Mélanger des couleurs ! Et descendre, une fois par semaine, le jeudi, à la librairie située en face de chez nous, pour y acheter un livre : *La Comtesse de Ségur, Le club des 5*, *Le clan des 7…*

J'ai presque 5 ans quand mon frère Gilles vient au monde. Son arrivée égaye un peu mon morne quotidien. Pourtant, tout n'est pas rose pour lui non plus qui vient au monde avec une hypogammaglobulinémie : autant dire qu'il pouvait, le pauvre, attraper toutes les maladies possibles dès son plus jeune âge. Hospitalisé très vite après sa naissance, il occupe une chambre stérile, hermétique pour des raisons d'asepsie, tel un aquarium, entièrement vitrée entre le couloir du personnel et celui emprunté par les visiteurs.

La vision de cet « enfant bulle » provoque les larmes de ma mère et me marque durablement : une vingtaine d'années plus tard, travaillant avec le service des grands brûlés à l'hôpital Trousseau, dédié aux enfants, je resterai paralysée en découvrant les locaux, par un flash-back me renvoyant à cette époque.

Heureusement, Gilles sort indemne de cet épisode et me voilà avec un camarade de jeu, certes au moins aussi fragile et malingre que moi, mais si mignon avec son strabisme que je tombe sous le charme de ce petit bonhomme haut comme trois pommes.

Est-ce parce qu'il est un garçon ? Est-ce à cause de son état de santé ? Est-ce pour d'autres raisons ? Toujours est-il que ma mère développe, dès la naissance de Gilles, une affection dévorante et exclusive pour lui. J'en souffre, même si je n'en prendrai conscience que tardivement. Sans doute ce sentiment diffus d'abandon joue-t-il aussi lorsque, à 8 ans à peine, j'entreprends d'exprimer ma rébellion contre ma mère et le climat insécure qu'elle projette, toujours davantage, autour d'elle.

Contre mon père aussi je me révolte, contre son caractère autoritaire et dominant, contre son attitude envers moi parce que je ne suis pas un garçon ; je sens bien, dès cette époque, que s'il avait eu d'abord un fils au lieu d'une fille, ce fils serait demeuré unique… Je lui reprocherai souvent cela par la suite.

Je me rebelle aussi contre ses ambiguïtés. S'il ne s'est jamais montré incestueux vis-à-vis de moi, il fut toujours incestuel. Il m'avouera d'ailleurs un jour : « Quand tu es née, j'avais une peur terrible, celle de l'inceste ».

Pendant toute mon adolescence, je resterai sur la défensive dès qu'il m'approche, je fuirai dès qu'il me touche. Heureusement, l'opposition résolue de ma mère, ainsi que sa propre peur constitueront un barrage efficace qui n'a jamais cédé.

J'ai ainsi appris, très tôt, à me défendre puis à cadrer les personnes dans leurs comportements à mon égard. *In fine*, ce qui relevait du traumatisme s'est avéré, à terme, plutôt bénéfique pour moi.

Croyants et très pratiquants, mes parents participent, durant ma petite enfance, à des groupes familiaux d'Action catholique. J'y côtoie d'autres gosses de mon âge, mais ce milieu, ses conventions rigides, ainsi que les relations sociales qui s'y nouent me laissent étrangère à eux, parce que je n'y perçois aucune forme de sincérité.

Si je suis régulièrement malade, obligée de suivre des cures à La Bourboule où nous passerons 4 étés successifs (photo 10), c'est pour que ma mère s'occupe de moi en m'apportant du citron chaud et des biscottes et pour lui faire plaisir, pour qu'elle se sente utile. Ma chambre se transforme alors en une sorte de sanctuaire dans lequel je peux m'évader en pratiquant des activités créatives : dessin, collages, découpages, couture… Dès lors qu'il s'agit de faire quelque chose avec mes mains, l'anxiété qui m'oppresse disparaît presque par miracle. Ce goût immodéré pour les travaux manuels me vient en droite ligne de mon père, artisan, ébéniste, qui crée sans cesse des objets et des meubles qui émerveillent la petite fille que je suis alors.

Pour le bien-être de ses enfants si chétifs et maladifs et de son épouse toujours souffrante, mon père décide d'installer sa famille à Draveil, dans un appartement situé en bordure de la forêt de Sénart. La résidence, construite par les architectes Andrault et Parat, superbe et boisée, est dotée d'une piscine extérieure. Ce coup de poker fonctionne au-delà même de ses espérances. Du jour au lendemain, ma vie change du tout au tout. Natation, vélo, patins à roulettes… À 9 ans, je découvre enfin les activités de plein air et leurs bienfaits. Je passe dorénavant le plus clair de mes loisirs dehors avec ma meilleure amie, Patou.

Dès notre arrivée à Draveil, je prends des cours d'arts plastiques dans le préau de mon école primaire.

(Photo 11)

Ma première œuvre personnelle, un arbre de vie avec des oiseaux, réalisée à la gouache, remonte à cette époque. Parce que c'était un cours enfants-adultes, je peux rencontrer des artistes merveilleux, dont l'architecte Claude Garnier, un gaucher qui me fascine et que je passe de longues heures à regarder dessiner. Son exemple me guidera au fil de mon parcours, et, plus tard, il m'apportera son aide.

Bientôt, une nouvelle obsession prend forme : les roues, et leurs corollaires, l'évasion et la liberté. À 14 ans, je peux l'assouvir sur ma mobylette, pour prendre de la distance vis-à-vis de mon environnement familial.

Mon jeune frère, le pauvre, fait les frais de cette métamorphose. Les quatre années et demie qui nous séparent me pèsent désormais et semblent compter double. Je m'éloigne donc de lui, et pour longtemps : nous ne nous retrouverons réellement que beaucoup plus tard.

Ma quête d'échappement, de bonheur, tout autant que les feux de la rébellion brûlent en moi lorsque j'entre au lycée, à Montgeron. J'ai 15 ans. Depuis des mois déjà, je m'emploie, en silence, à épargner quelques sous, ne serait-ce que pour dépendre le moins possible de mes parents. Petits boulots, ménages, gardes d'enfants : tout me paraît bon afin d'assurer mon autonomie, encore toute relative cependant.

Très attirée par les garçons, je multiplie les conquêtes et suis suffisamment débrouillarde pour me faire prescrire la pilule au planning familial, à l'insu de mes parents.

Une escarmouche assez sérieuse m'oppose à eux après une hospitalisation en urgence : j'ai ingéré du Datura – des feuilles de tisane contre l'asthme – pendant un cours de théâtre, juste « pour voir les hallucinations que cela donne ». En punition, ils m'interdisent de partir en vacances rejoindre mon petit ami, dans la ville allemande jumelée avec Draveil. Pour protester, je descends, cul sec, une bouteille de pastis. Deuxième hospitalisation…

En ce début des années 1970, je pratique beaucoup d'activités extrascolaires, surtout d'ordre culturel : photo, écriture, théâtre, sculpture, peinture évidemment.

(Photo 12)

J'y côtoie des gens à la fois débrouillards, créatifs et « hors norme ». Une sorte de bouillonnement fécond au sein duquel, ravie, je me construis. Dans tous les domaines, études y compris, je veux tout et son contraire : Beaux-arts ? Médecine ? Psychologie ? Tout me passionne, je ne parviens pas à me décider. Mais mon année de seconde marque aussi le début d'une révélation : je me découvre une passion pour la psychanalyse en plongeant dans la lecture des ouvrages de Freud, de Jung et de leurs disciples. Et ce avec d'autant plus d'appétit que j'y cherche les réponses à mes propres problèmes.

Finalement, j'obtiens mon bac D juste avant mes 18 ans, enfin majeure grâce à la récente réforme impulsée par le nouveau président, Valéry Giscard d'Estaing, qui vient d'abaisser l'âge de la majorité, jusqu'alors fixé à 21 ans.

Cette décennie est aussi celle de l'émergence d'un fléau majeur : le chômage. Celui-ci rattrape mon père durant mon année de première, celle de la préparation des études supérieures. Il est directeur technique de l'entreprise Buffard, fabricant de marqueteries et placages teints, lorsque celle-ci ferme en 1973. Il enchaîne alors les emplois dans les métiers de l'ameublement, en restructuration radicale. Plus personne n'achète de meubles de style depuis que Prisunic a lancé sa gamme de mobilier en plastique gonflable orange !

Rien ne marche plus dans sa vie professionnelle, et notre situation familiale se détériore de manière alarmante ; comme on pouvait le craindre, l'état de santé de ma mère se dégrade de nouveau, à grande vitesse. Elle attend depuis si longtemps la pose d'un pacemaker isotopique, appareils délivrés au compte-gouttes par l'armée…

Mon père se console auprès d'une maîtresse un peu entreprenante. Ma mère l'apprend et sombre, davantage encore, dans la dépression. Je tente de la préserver des appels téléphoniques harcelants et de m'occuper d'elle, alitée. Finalement programmée, l'intervention à cœur ouvert se passe mal et l'issue fatale semble inévitable tant les complications de l'opération sont graves.

Elle s'en sort pourtant. Très affaiblie, maman passe ensuite de longs mois de convalescence en maison de repos où le stress qui la ronge ne la lâche pas.

C'en est trop pour moi. Cette fois, je « pète les plombs », et abandonne mes projets d'orientation en médecine ou aux beaux-arts. Des études trop longues. À aucun prix, je ne veux représenter un poids pour mes parents, et désormais, je juge toxique leur présence à mes côtés.

Je choisis de m'inscrire en psycho, à la Sorbonne. Majeure maintenant, et follement amoureuse de Gilles, mon petit ami de terminale, je décide de larguer les amarres. Je quitte donc ma famille et trouve une chambre au coût mensuel très modique, dans un hôtel sordide jouxtant le cimetière du Père-Lachaise. Même avec le recul du temps, je me demande encore comment mes parents ont pu me laisser m'installer, seule, dans ce bouge borgne et inhospitalier. C'est ce qui me choquera lors d'une tranche d'analyse, vers 50 ans, en retournant voir cet hôtel…

En marge de mes études, je dégote un indispensable petit boulot de standardiste, ne serait-ce que pour payer la nourriture et la chambre d'hôtel. Mon moral, au bout de trois mois dans ces conditions lamentables, explose en vol.

Ce qui me semble représenter une vérité aveuglante m'apparaît : je suis inapte à la vie et dois donc disparaître au plus vite de la surface de la Terre…

Chez mes parents, un week-end, je collecte des médicaments dans la pharmacie familiale. Objectif ? En faire un cocktail létal afin de m'endormir pour toujours. Parce que j'ai peur de me jeter sous le métro… Je prends soin, au préalable, de détruire toutes traces ou souvenirs de mon existence antérieure. Par miracle, mon copain a la bonne idée de passer me voir, ce matin-là, sur le coup de 7 heures, avant ses cours. Épouvanté, il donne l'alerte. Hôpital, de nouveau. Retour au point de départ. Pour combien de temps ?

Quelques semaines plus tard, l'amoureux, échaudé par la tournure des événements, prend ses distances et sort avec l'une de mes amies. Consternation.

Sur ces entrefaites, je me retrouve enceinte. Pas par défaut de vigilance de ma part puisque cela fait plusieurs années que je prends la pilule sans discontinuer, mais parce que les médecins qui me soignent pour un problème dermatologique me demandent de l'interrompre le temps du traitement. Mon erreur, c'est d'avoir suivi les ordres du médecin : il suffit d'une fois et me voilà enceinte. Et effondrée.

En 1975, la loi Veil n'est pas encore adoptée, et l'avortement est toujours illégal. Je ne peux pourtant pas garder cet enfant. Grâce à des amis de mes parents, je trouve une clinique qui accepte de pratiquer cette interruption volontaire de grossesse. Comprenant mon angoisse, mon père m'accompagne ; ma mère, elle, ne peut assumer l'idée d'un avortement.

Je sors de cette épreuve cruelle dans un état de total abattement. Il me faudra des années pour oser t'avouer que je continue à compter l'âge qu'aurait eu ce bébé que j'ai dû sacrifier.

Je tente, comme je le peux, de reprendre goût à l'existence.

Un ami d'enfance de mon père que je connais depuis toujours, Jean Lefèvre, son épouse et ses quatre enfants me fascinent. Ils habitent un manoir près de L'Aigle, dans l'Orne. Leur second fils, Jean-Pascal, aussi original que son père, a décidé de vivre à l'intérieur d'un ancien tonneau à vin dont il a fait sa chambre, dans le jardin de la propriété. Un pur délire dont je me délecte.

Je passe du temps parmi eux en ces vacances de Pâques 1975, afin de m'y ressourcer. Une vie d'anar en province, au milieu de gens atypiques et hors système, je me régale.

Sauf que le destin n'a pas dit son dernier mot. Un dimanche après-midi, au lendemain d'une nuit animée en boîte, nous sortons à quatre d'un repas copieux au restaurant et roulons sur la RN 12. Dominique, un ami du fils aîné de la famille, est au volant. L'équipée sera sans retour, hélas, pour plusieurs occupants des deux voitures qui n'auraient dû pourtant que se croiser.

Diabétique, notre conducteur fait un malaise au milieu d'un dépassement effectué à 90 kilomètres/heure. Le choc, frontal, avec le véhicule qui arrive en sens inverse, est terrible. « L'impression physique, que ma tête explose et que mes organes sortent de mon corps », raconterai-je plus tard.

Les quatre passagers d'en face ? Deux grands-parents, qui survivront malgré de très lourdes blessures, et leurs deux petites filles, mortes sur le coup. Il en va de même pour Dominique, notre conducteur, décédé sous nos yeux. Je dirai d'ailleurs : « Ce n'est pas lui qui devait mourir, c'est moi… »

C'est Jean-Pascal qui m'a sans doute sauvé la vie en me protégeant, après m'avoir allongée brutalement sur ses genoux, juste avant le choc. Didier, le fils aîné, lui et moi sortons vivants du désastre. Mais dans quel état ! J'ai du sang dans un œil et me retrouve, hagarde, persuadée de l'avoir perdu, à le chercher dans l'habitacle. L'un de mes pieds est cassé, l'autre ouvert sur toute sa largeur, tendons sectionnés.

Dans un brouillard, j'entends les badauds, massés au-dehors, qui hurlent : « Le feu ! Le feu ! ». Ils cherchent des extincteurs et jettent de la terre sur le moteur fumant. La fermeture de ma cape, que j'ai confectionnée moi-même, m'étouffe, sans même que je sois capable d'identifier la nature du problème. L'essence, qui s'écoule maintenant, l'imprègne, ainsi que mes vêtements. Un jeune homme, passant la main par la fenêtre cassée, me porte secours en l'ouvrant. Puis il me tient la main en attendant l'arrivée des premiers soins. Finalement, les pompiers parviennent à nous extraire de l'amas de tôle comprimée qui fut notre voiture.

J'ai survécu grâce à des passants courageux, comme ma mère autrefois dans sa tranchée recouverte de terre. Comme elle, je n'oublierai jamais ce moment où ma vie a failli se briser net. Mais contrairement à elle, ce sinistre me sera salutaire, déclenchant en moi une rage de vivre que je n'avais jamais connue.

Dans mon fauteuil roulant, pendant ma longue convalescence à l'hôpital de L'Aigle, je gamberge beaucoup. Mon père fait de brefs allers-retours et rend aussi visite à ma mère qui séjourne dans une maison de repos de la région. Je décide d'utiliser ce temps d'immobilisation pour apprendre la dactylo, consciente que cela me rendra service toute ma vie. La petite machine à écrire grise de mes 6 ans sera rentabilisée par tous les mémoires, dossiers et articles de toutes sortes que je taperai dans les vingt années suivantes, pour toi comme pour moi, jusqu'à l'arrivée de l'informatique.

À mon retour chez mes parents, la situation est toujours figée : mon père au chômage, ma mère mourante, leur couple bancal… Le mal-être que j'avais réussi à chasser me rattrape sans tarder.

Sitôt capable de remarcher, en plein mois de juillet, je fugue et disparais, cette fois pour de bon. Oh, pas très loin en vérité ! Sans le sou et plus fragile que jamais, je squatte l'appartement vide des parents d'un ami de mon frère qui s'est vu confier les clés pour y nourrir les poissons rouges pendant les vacances.

Vite repérée par mon père, je me retrouve à la rue. Je dors alors dans les gradins du stade municipal de Draveil, lestée de mon modeste baluchon. Je vis à la dure, me lave à la va-vite dans les toilettes des cafés des environs – un jour le haut, le lendemain le bas, le troisième jour les pieds… À l'instar de ceux qui vivent dehors, je souffre de n'avoir que de courtes séquences de sommeil, la fatigue me mine et gagne vite du terrain.

C'est dans ce contexte que je rencontre Pascal.

Il me prend sous son aile. Je sais ce que je lui dois tant il m'aide, à ce moment de ma vie où je suis si perdue, à sortir de la panade dans laquelle je me suis engluée. Fils d'une famille italienne originaire de Sardaigne, il m'installe dans le petit studio de sa sœur, aménagé au fond du jardin de la maison parentale. Cette vie clandestine dure quelque temps, jusqu'au jour où ses parents s'aperçoivent que de la nourriture disparaît au moment des repas. Pas dupes, ils demandent alors à Pascal de me faire venir à leur table. Leur accueil chaleureux suffit à m'apprivoiser et leur gentillesse, qui me calme et me rassure, me permet d'accepter de revoir mes propres parents.

Enfin un peu plus en paix avec moi-même, je profite de cette sérénité retrouvée pour prendre une décision importante : m'inscrire à l'École de Service Social, études financées sur trois ans et rémunération assurée en échange d'un contrat de dix ans avec l'Assistance publique.

L'hôpital, encore. L'hôpital, toujours.

Une longue histoire pour moi.

En cette année 1976, et moyennant l'octroi d'une bourse de 500 francs par mois, je m'engage donc pour dix ans dans un emploi d'assistante sociale à l'AP-HP. Grâce au salaire de Pascal, nous parvenons à louer un studio, à Vigneux. Quant à l'indemnité perçue suite à mon accident, elle nous permet d'acheter une voiture.

Notre vie semble toute tracée. Il ne nous reste plus qu'à nous marier. C'est fait quelques mois plus tard.

Chapitre 3
Les bouchées doubles

Nous sommes en juin 1978. Je passe mon diplôme d'assistante sociale. J'ai bûché avec ardeur durant plusieurs semaines, pour répondre à mon habituelle angoisse d'échec et mon perfectionnisme. Tout au long de cette période très active, j'ai adopté, sans le savoir, les méthodes de Sciences Po : une fiche par sujet et une intense préparation sur chaque législation. Pourtant, au fond de moi, je reste persuadée que je ne l'obtiendrai pas.

La réalité se révèle tout autre. J'ai senti que j'avais bien réussi la note de synthèse à l'écrit. Il faut croire que l'épreuve orale s'est passée mieux encore puisque, au bout du compte, je finis première de l'examen, pour l'ensemble de l'Île-de-France. Une performance qui m'offre le privilège du choix de mon poste, en première position afin de remplir mon contrat décennal avec l'AP-HP.

Je n'hésite pas. J'ai visité le service de neurochirurgie de la Pitié-Salpêtrière, et suis tombée sous le charme de l'architecture de ce bâtiment historique. Le fait qu'il ait abrité, jadis, les travaux du célèbre Charcot et de Freud, qui y ont découvert l'hystérie, a fait le reste.

La Salpêtrière qui plus est, ne se situe qu'à quelques encablures de chez nous, distance que je vais désormais parcourir à vélo.

J'ai l'impression de marcher sur l'eau en arpentant les salles communes et en faisant la connaissance du maître des lieux, le professeur Lebeau, un vieux monsieur incroyable, un chirurgien avec un tablier de boucher. La légende dit que le bonhomme s'est pris de passion pour l'un de ses invalides vivant coupé du monde, d'apparence quasi monstrueuse, auquel il prodigue des soins permanents dans le grenier du bâtiment, et dont il étudie la moindre réaction avec avidité.

L'activité du service ? La chirurgie du cerveau : tous types de cancers, gros accidents de voiture ou de deltaplane (le sport à la mode à ce moment-là), AVC, hématomes sous-duraux…

L'essentiel de mes tâches se décline autour du placement des malades pour leur rééducation, après l'intervention et la réanimation, ainsi que l'accompagnement social et administratif des familles. Comme toujours, je m'implique énormément dans mon nouveau travail. À telle enseigne que je m'attire la confiance, qui se mue en complicité, de l'équipe médicale et de Chantal, la psychologue responsable du service qui m'épaulera beaucoup sur le plan personnel, y compris pendant ma première grossesse.

Cette vie au service de l'humain, dédiée à l'allègement de sa détresse physique et mentale, est adaptée à ma personnalité. J'y consacre toute mon énergie, toute la fougue de ma jeunesse, quitte à sortir de mon champ de compétences et à commettre des erreurs comme ce jour où, avec un jeune externe, nous avons voulu aider sans en référer à personne, une femme battue reçue en neurochirurgie. Nous avons donc pris l'initiative de lui faire quitter son appartement et de l'installer hors de son domicile, afin de la soustraire à son mari violent. Une semaine plus tard, nous apprenons qu'elle est rentrée chez elle : elle n'était pas prête. Nous n'avions pas la capacité de le prévoir. Convoquée par ma hiérarchie, je suis sermonnée à juste titre. C'est à cette occasion que j'ai pris conscience que l'action n'est pas tout…

Même si je me dépense sans compter, mon travail ne me satisfait pas : l'aspect répétitif de mes activités m'ennuie, le peu de responsabilités aussi. Dès septembre, trois mois après ma prise de poste, je cherche, lors d'un rendez-vous avec un centre d'orientation, quelle direction pourrait prendre ma carrière. Direction d'hôpital ? École des hautes études en santé publique à Rennes ?

Non : ce qui me tente vraiment, c'est travail manuel et artistique, tissage, cuir, artisanat d'art, etc. Ce n'est pas la direction que j'ai prise…

En attendant de changer d'horizon, l'AP-HP se révèle un exaltant terrain de militantisme politique et syndical pour moi. Ville dans la ville, fonctionnant à l'époque en quasi-autarcie, la Pitié-Salpêtrière se cabre contre les premières tentatives d'externalisation de certains services, contre les tensions budgétaires qui commencent à se faire sentir alors que l'hôpital passe progressivement sous la coupe de gestionnaires financiers. Avec mes camarades trotskistes, nous rédigeons et distribuons des tracts, entreprenons de convaincre les salariés de la nécessité de refuser ces évolutions néfastes à la qualité du service public hospitalier, comme l'avenir le confirmera. Je participe aussi aux différentes manifestations qui s'organisent et m'emploie à recruter de nouveaux sympathisants révolutionnaires.

Malgré tout, cet engagement très prenant ne comble pas mon ras-le-bol de la situation dans laquelle je me trouve. D'autant que je ne supporte plus non plus de vivre dans Paris : le bruit, l'arrêt des autobus devant l'immeuble, le manque d'arbres et la perte des saisons me sont pénibles. Quelques mois plus tard, enceinte de Yann, je te dirai : « Je n'élèverai pas un enfant sur les trottoirs parisiens ».

Pour m'échapper de la capitale et gagner un peu de liberté, je passe mon permis de conduire. Mes parents m'offrent la 2 CV de couleur orange de mon grand-père et nous voilà partis, le premier été de notre idylle, en Espagne. Désireux de dormir dans la voiture, on y a installé, avec un pote bricoleur, deux sièges-baquets qui s'allongent totalement. Problème avec ce surpoids : la « deuche » a du mal à monter les côtes.

Sous ce soleil intense du grand sud, je ne comprends pas pourquoi je vomis tous les matins. Retour d'Espagne : arrêt dans la Sarthe, aux Neuvillettes. J'achète un test de grossesse : positif. Quelle joie ! Et oui, notre bébé aura bien 20 ans en l'an 2000 !

À la fin de l'année, mes parents nous font une proposition. Mon père a déniché un trois-pièces libre, en location, à proximité de chez eux, à Draveil, en face de la base de loisirs et tout près de la gare.

Même si Jean-Claude ne veut jamais passer de l'autre côté du périphérique, cela apparaît comme l'idéal, car accepter leur offre, c'est leur permettre de nous aider avec le bébé qui s'annonce. Ne reste plus, alors, qu'à emménager et à se démener afin d'embellir ce nouvel appartement. Objectif : accueillir Yann dans un beau lieu où j'aurais mis ma patte. Mission accomplie, dès le début de 1980. L'année de sa naissance…

*****

Moi, je dors toujours aussi peu, rentrant tôt le matin de mon centre de tri postal de la gare du Nord à Paris, et courant toute la journée pour la politique. Une existence à cent à l'heure qui me paraît quelquefois incompatible avec la vie de famille.

Je ne parviens pourtant pas à m'en contenter. Je continue à pratiquer la boxe française. Je profite également de la proximité de la Base de loisirs pour aller y courir les samedis et dimanches en compagnie d'un groupe d'amis.

Car nous sommes très entourés, nous adorons faire la fête. Chaque week-end, c'est maison porte ouverte pour les copains. Jusqu'à quarante-cinq cafés servis certains dimanches matin !

Je bricole aussi la 2 CV avec Gil, qui sait tout faire. Un jour, démontage/remontage total du moteur. Mince ! Il nous reste pas mal de vis et de boulons à la fin… Un autre jour, tu pars faire des courses et je garde Yann, que tu allaites depuis sa naissance. Pas de chance, la voiture tombe en panne sur la RN 7. Tu arrêtes un véhicule pour te ramener à la maison, affolée par l'heure de la tétée et le lait qui s'écoule sur tes vêtements.

Fin de l'histoire de la 2 CV : elle part à la casse.

À l'époque, déjà, je suis en délicatesse avec mon estomac et souffre d'un ulcère. Premier véritable pépin de santé largement explicable à l'aune de mon mode de vie éprouvant et d'une alimentation anarchique. Le hasard faisant parfois bien les choses, tu remplaces, à titre temporaire, l'une de tes collègues, attachée au service de gastro-entérologie à la Pitié-Salpêtrière. Tu y sympathises avec l'un des chefs de clinique auquel tu décris la nature de mes soucis du moment. Il te conseille de m'envoyer subir au plus vite un examen médical, suivi d'une consultation auprès de lui. La remise en question qui s'ensuit est sévère.

Le toubib tire la sonnette d'alarme, sans ambiguïté. Il m'avertit :

« On n'est pas en Afghanistan, Jean-Claude. À ce train-là, dans dix ans, tu seras mort. Il te faut changer de mode de vie, car tu ne feras pas la révolution à toi tout seul. Tes activités ne sont pas toutes compatibles. C'est pour cela que tu as un ulcère alors que tu n'es même pas trentenaire. »

Il faut que je trouve une solution le plus vite possible. Elle va s'imposer à moi le samedi suivant.

Nous sommes abonnés à la revue mensuelle *Jeux et stratégies* et passons, chaque week-end, de la théorie à la pratique en compagnie de quelques intimes, organisant à tour de rôle avec les autres couples des soirées jeux. C'est lors d'une de ces joyeuses réunions que l'une de tes copines de lycée nous annonce qu'elle s'est inscrite au concours d'entrée de secrétaire comptable à la Banque de France, sur lequel elle bûche depuis deux ans.

Je réfléchis un court moment puis, dès le lundi matin, je me rends sur place, au siège, y retirer le formulaire d'inscription afin de déposer ma candidature.

Cela ne me laisse que quelques semaines pour me préparer. Sacré challenge. Je travaille sans relâche pour compenser mon retard : je sais que c'est ma chance. À la surprise générale, je suis reçu. Me voici secrétaire comptable au sein de la principale institution financière du pays, employé au service des transferts, et pas peu fier d'avoir intégré ce haut lieu de l'État.

Adieu la Poste !

Cette entrée impromptue à la Banque de France n'a pas que des conséquences personnelles ou familiales : elle en a aussi vis-à-vis de mon engagement politique. Car la question se pose : serais-je plus utile si je m'affiche comme militant de l'OCI parmi les employés de la Banque, ou en devenant un clandestin de l'organisation, avec ce que cela laisse ouvert comme possibilités de progresser dans l'institution ? J'en discute avec les responsables du parti et c'est la seconde option qui l'emporte : on m'incite même à postuler d'ores et déjà à la formation d'administrateur, ce que j'engage dans la foulée.

En attendant, grâce à mon poste à la BdF, nos conditions de vie changent et s'améliorent. Nous bénéficions de l'ensemble des avantages destinés aux personnels de l'entreprise.

Nous commençons par l'essentiel, en emménageant dans un nouvel appartement de trois pièces lumineux, avec balcon, situé au Domaine de Villiers, joli espace vert au cœur de Draveil.

Bonheur total. Nous y demeurerons quatre années. Il verra grandir Yann, notre aîné, et naître Maël, son frère, en avril 1983. (Photo 13)

*****

Je profite de notre déménagement pour demander ma mutation à Draveil, à l'hôpital Joffre, proche de notre nouvelle adresse, en tant qu'assistante sociale en service de long séjour. Mes fonctions consistent à retracer les existences administratives et financières des personnes âgées, grabataires ou Alzheimer, qui arrivent de Paris XI et XII, suite à une hospitalisation longue. Quelquefois, une personne de la famille éloignée, une voisine, une gardienne d'immeuble m'apportent de l'aide.

Un job qui me va comme un gant.

Mon bureau, vaste et confortable, donnant sur les cimes des arbres de la forêt où s'ébattent des écureuils, permet de compenser la tristesse des lieux et de l'activité. J'ai le droit d'en sortir et d'aller à la crèche de l'hôpital allaiter et soigner mon bébé.

J'ai aussi définitivement mis la cigarette au rencart en tricotant toute la journée : au téléphone, pendant les réunions, et aidée par le personnel de mon service. Petite fourmi, je vous ai fournis en pulls pendant quelques années.

J'évolue tel un poisson dans l'eau au sein de cette équipe médicale compétente et chaleureuse. J'y rencontre des médecins gériatres et rééducateurs qui resteront mes amis jusqu'à ma vie professionnelle suivante. Je mange avec eux à l'internat de l'hôpital et nous sommes invités, le samedi soir, dans leurs fêtes.

Au bout de notre rue se trouve un immense espace de loisirs omnisports, le Centre Sportif de l'Orme des Mazières, aménagé sur les berges de la Seine, auquel seuls de gros comités d'entreprises ont accès : celui de la Banque de France en fait partie. Nous allons pouvoir nous y adonner à une pléiade d'activités et faire vivre nos gamins dehors, à la piscine et en pique-nique, les week-ends.

J'ai choisi ces conditions matérielles confortables, dans l'hôpital de ma ville, avec Maël à la crèche et son frère aîné dans son école maternelle, pour mieux m'occuper d'eux et pour t'accompagner le plus possible dans les lourdes études de comptabilité dans lesquelles tu t'es lancé : j'ai l'impression de les suivre avec toi tant je m'y implique pour te faire réviser, refaisant tes exercices pour pouvoir te suivre.

Dès la naissance de Yann, mes parents ont proposé de le garder, la nuit du mardi, afin de me permettre de participer, moi aussi, aux réunions de cellule de l'OCI. L'habitude a perduré après l'arrivée de Maël.

Ce dispositif si pratique prend tout son sens lorsque tu entames tes études. Sitôt les petits déposés chez eux le mardi soir, je file te rejoindre à Paris pour dîner en tête à tête et passer une soirée tous les deux. La seule de la semaine.

Je ne suis plus en cellule à l'OCI depuis mon transfert à Joffre et toi, tes réunions ont lieu en journée, le midi, dans des cafés. Nous avons besoin de cette respiration : il est si difficile pour un jeune couple de se priver de tout et de prioriser les études, l'apprentissage, l'éducation des enfants ou la transformation personnelle. L'autre échappatoire à ce quotidien surchargé, ce sont les soirées du samedi, toujours dédiées aux amis.

Après mon arrivée à l'hôpital Joffre, j'ai aménagé mon temps de travail : fin de journée à 16 h, pour aller chercher Yann à l'école, en échange de quelques permanences le samedi après-midi pour les familles parisiennes, et temps partiel pour garder les garçons le mercredi. Ces journées ensemble, pleines de rires et de complicité, prennent des accents thématiques : installation de campement dans la chambre, déguisement pour jouer à la préhistoire, jeux éducatifs, vélo, piscine, lecture… Je crois que je m'amuse autant qu'eux, que j'y prends autant de plaisir, comme si je rattrapais avec ces jeux ceux auxquels je n'avais pas pu jouer durant ma propre enfance.

J'aime raconter des histoires à nos fils, inventer toutes sortes d'explications féeriques à la réalité afin de nourrir leur imaginaire, quitte à embellir le réel.

Comme je l'ai vécu, gamine, à Maisons-Alfort, le mercredi, c'est aussi le jour de la librairie. Nous nous précipitons dans celle située au-devant de notre immeuble pour acheter livres et jeux éducatifs, qui viennent enrichir nos programmes d'activités déjà bien fournis.

Friand de contes et d'aventures, Yann a tout juste passé ses 5 ans lorsqu'il s'immerge dans l'univers des *Fables* de La Fontaine. Cela lui inspire un de ces délicieux mots d'enfants auxquels personne ne peut résister : « C'est pas banane de voir un loup et un agneau se promener ensemble » !

Une autre fois, il semble impressionné par le récit d'un camarade de classe qui a assisté à un spectacle étonnant : « Mon copain est allé voir le *Mille Morceaux* au théâtre de Sénart », s'exclame-t-il. Après une brève enquête, nous comprendrons qu'il s'agit du… Mime Marceau.

Ce sont des jours heureux au cours desquels je continue à peindre et à dessiner, à coudre et tricoter. Une appétence, jamais éteinte, qui prend de plus en plus de place dans ma vie, même à l'hôpital, où on fait appel à moi pour décorer mon service et réaliser les décors des fêtes qui y sont régulièrement organisées. Les murs et plafonds de la chambre des petits sont aussi couverts de mes peintures.

Une matinée par semaine, je me rends à Paris, effectuer des démarches administratives pour le compte des personnes âgées du service. Une fois ces tâches accomplies, je profite de l'après-midi pour écumer musées, expositions d'art contemporain et boutiques de décoration et design. Je répertorie avec soin tout ce que je vois. Dans le même temps, je me mets à potasser des revues d'art et de décoration. Puis à rédiger des fiches, par catégories, rangées dans des boîtes : meubles, luminaires, tapis, verreries, menuisiers et artisans d'art… J'engrange et mémorise ainsi une masse de connaissances sans me douter le moins du monde à quel point elles me seront utiles une dizaine d'années plus tard, dans mes vies futures d'architecte et d'artiste.

En m'immergeant ainsi dans ce monde de la création et de la beauté, je tente de fuir cet ennui intellectuel que j'ai toujours ressenti depuis l'enfance, cette insatisfaction intime que ne comble pas un travail dont la dimension humaine me plaît, mais dans lequel je me sens à l'étroit. Je sais bien que j'aspire à autre chose, que je n'ai pas encore trouvé ma voie.

C'est aussi ce que semblent penser mes supérieurs du service social de l'AP-HP avec lesquels j'ai régulièrement des rendez-vous au siège de l'institution, avenue Victoria, à Paris. Ceux-ci me font une proposition intéressante : il s'agirait d'intégrer une commission européenne dont la mission consiste à anticiper l'évolution des lieux de fin de vie, en procédant à une étude comparative entre différents pays d'Europe.

C'est un sujet qui me passionne et je suis bien tentée d'accepter. Si je finis par refuser, c'est parce que mon statut de jeune maman s'avère incompatible avec ces responsabilités et le nombre de déplacements à travers l'Europe qu'elles impliquent. Je sais aussi qu'il faut que je sois disponible pour toi, pour te consacrer du temps durant cette période cruciale où tu entames ta construction et ton ascension sociale.

C'est la priorité.

Alors je bûche avec toi, je te soutiens, je t'encourage, je te fais travailler et retravailler, je tape tes mémoires, j'organise tes révisions… Nous sommes un duo, une machine de guerre pour ta réussite. Mais nous savons tous les deux que, quand le moment viendra, au terme de mon contrat de dix ans à l'AP-HP, tu me rendras la pareille.

*****

Tout entier tourné vers mon projet de dingue mené tambour battant, je me suis mis une nouvelle idée en tête, à peine entré à la Banque de France : devenir Adjoint de direction. Il me faut, pour cela, réussir un autre concours, bien plus exigeant que le précédent : le profil requis se révèle proche de celui d'un énarque…

Ma culture politique et économique, patiemment acquise des années durant, dans les rangs de l'OCI et de leurs exigeantes sessions de formation, m'autorise à relever le gant. Mon niveau scolaire, lui, s'y prête beaucoup moins. Rares sont ceux qui, parmi nos proches, ont le bon goût de cacher leur scepticisme. Les autres, beaucoup plus nombreux, se marrent sous cape quand ce n'est pas sous mon nez.

Impavide, en apparence, je reste sourd à leurs sarcasmes et me concentre sur l'objectif.

Je décide d'abord de passer par le CNAM[4], afin d'y obtenir un premier diplôme d'Expertise comptable. Puis j'enchaîne avec un second, dédié à l'économétrie et, en parallèle, avec un DESS Banque et Finance à Paris V. Je complète mes cours au CNAM par des modules de formation permanente, payés par la Banque de France. Un procédé « limite », qui a fait sourciller les deux institutions. Culotté

[4] Conservatoire National des Arts et Métiers

mais efficace, *in fine*, dans la mesure où cela m'a permis de gagner un temps considérable sur mon cursus.

En compagnie de Jean, mon ami d'études, astreint aux mêmes tâches et cours du soir que moi, je planche en continu sur des questions extrêmement techniques dans notre appartement du Domaine de Villiers. Tu m'accompagnes autant que possible, notamment en français où, il faut le reconnaître, mes carences sautent aux yeux. Parfaire, à la fois, mon orthographe, ma grammaire, ma dissertation et mon style, le tout en l'espace de cinq ans, ne sera pas une mince affaire. Tu vas y consacrer beaucoup de temps et d'ardeur.

La préparation de l'oral non plus ne va pas de soi. Pour m'aider, tu loues des caméras et tu me filmes en train de répéter afin de me mettre en situation réelle et de me permettre de me corriger.

Mon enfance et adolescence pèsent toujours autant face à l'ambitieux challenge que j'ai entrepris de relever. Mon itinéraire politique, bien que sans rapport avec le futur diplôme d'administrateur auquel j'aspire, s'avère très utile. J'ai appris à apprendre avec les trotskistes. J'ai formé mon cerveau par une méthode de pensée et beaucoup de culture. Auprès d'eux, j'ai acquis l'art de la rhétorique, de l'éloquence, de la structuration de la pensée et de l'argumentation en public.

Durant cette période intensément studieuse, je m'attelle en parallèle à acquérir tous ces codes sociaux et d'apparence, en usage parmi les élites et qui me font défaut. Pour trouver ma place dans ce monde, pour m'y imposer, je dois gommer les traces de mon enfance pauvre dans la Sarthe, mais aussi celles de ma jeunesse de titi parisien.

Rien n'est naturel pour moi dans la manière dont s'habillent mes collègues de la Banque de France, dans leur élégance discrète et coûteuse. Jusqu'à ce qu'on me le fasse remarquer, je portais des chaussettes blanches dans des chaussures noires, parce que c'était ainsi que je pensais qu'on « faisait habillé ». Je n'avais jamais entendu parler des fameuses chaussettes noires en fil d'Écosse si prisées dans ces milieux…

Apprendre. Apprendre encore. De toutes les manières possibles. Par les livres bien sûr, mais aussi à travers des inspirateurs choisis dans mon nouveau monde professionnel ou autour de nous, que j'observe, que j'écoute.

Toute notre vie, à chaque étape de notre parcours, nous trouverons toi comme moi des hommes et des femmes qui nous serviront de passeurs et de passeuses, qui nous pousserons, nous aiderons à nous construire, nous mettrons le pied à l'étrier, des parrains et des marraines plus âgées parfois, dont nous serons les protégés, des modèles avec lesquels notre relation d'apprentissage pouvait passer également par une dimension amoureuse.

Ma frénésie d'études ne s'arrête jamais. Un été, je décide de ne pas partir en vacances avec vous, préférant suivre des cours en candidat libre à Sciences Po et en Prép ENA avec mon ami Yves, qui prépare aussi les concours d'administration centrale. Je sais que tu as beaucoup pleuré de te retrouver ainsi seule, avec les petits, même si je vous rejoins le week-end, profitant ainsi, un minimum, des conditions matérielles très enviables offertes par le comité d'entreprise de la banque.

Mes deux premières tentatives du concours, en 1985 et 86, se soldent par autant d'échecs. Nous traversons des moments pénibles, en butte à l'ironie, voire au cynisme, de gens qui se prétendaient pourtant nos amis.

Nanou, qui n'a que 5 ans lors de mon deuxième essai, pleure à chaudes larmes, tant il a ressenti notre investissement durant tous ces mois et tant notre déception est patente. La famille, elle, n'y croit plus. Nous, on s'accroche, en augmentant encore les critères d'exigence, en vue d'un troisième essai.

Pour la première fois, je réussis l'écrit.

Dans le cadre de l'oral, un entretien est prévu avec un directeur de la BdF. Je rencontre celui de Versailles, qui m'assène avec morgue : « Avoir une mère femme de ménage et un père métallurgiste vous interdira l'accès au statut d'administrateur ».

Jusqu'à la fin de mes jours, je garderai une haine tenace à l'encontre de cet homme.

Malgré cela, le jury me choisit : j'intègre la promotion pour un an de formation puis prends mon poste d'Adjoint de direction à la Banque de France à Nanterre.

(Photo 14)

Tout devient possible.

Chapitre 4
Avenue des Acacias

Courant 1986, tandis que tu es tout entier concentré sur la préparation de ton concours, je décide que nous devons construire une maison. Nos moyens le permettent désormais, d'autant que ton poste à la BdF nous offre un nouvel avantage : tandis que les taux de crédit bancaire culminent à 14 %, la Banque nous propose un crédit immobilier à 3 %, l'inflation étant, elle, à 5 %. Pour en bénéficier, nous devons juste sacrifier à une petite formalité : nous marier. C'est ma mère, conseillère municipale à Draveil, qui s'en charge, avec Yann sur les genoux…

Un ami de mes parents, entrepreneur du bâtiment, gère notre chantier sur le terrain que nous venons d'acheter, avenue des Acacias. Nous nous impliquons à fond dans cette construction. J'ai potassé les techniques de maçonnerie afin de réaliser escalier extérieur, clôture et terrasse. Quant à toi, tu t'es révélé un excellent manutentionnaire, perfectionniste à l'extrême dans l'exercice de ces tâches. Pendant ces travaux qui nous mobilisent l'un et l'autre, les enfants jouent dans le jardin, sur un gros tas de terre qui deviendra notre terrasse, à l'ombre d'un cerisier.

Malgré tous nos efforts, lorsque nous emménageons en mars suivant, le confort est sommaire : aucune des finitions n'est achevée, pas plus la cuisine que les placards, la peinture et la décoration intérieure. J'en viendrai à bout, petit à petit, durant mes études à l'école d'architecture. La vie m'a enseigné la patience.

*****

De mon côté, tandis que je m'investis 24 heures sur 24 dans ma promotion puis, en décembre, dans mes nouvelles fonctions à la Banque de France, la pratique régulière du sport m'octroie des plages de confort, au plan physique autant que psychologique. Je cours et pratique le tennis grâce à Yves, mon ami de prépa ENA. Pour ta part, tu suis depuis longtemps des cours de yoga et d'aérobic.

Je suis insatiable. En plus de mon boulot à la banque, j'assiste un commissaire aux comptes installé non loin de chez nous, en Essonne, dans ses missions auprès des PME-PMI locales. C'est une manière pour moi de m'immerger toujours davantage dans l'univers des entreprises. Cette expérience se révélera précieuse au cours des années suivantes.

En 1990, je m'inscris au Centre des Professions Financières, une association présidée par Michel Pébereau qui, depuis 1957, s'efforce de fédérer les acteurs de ces professions en différents clubs : banque, assurances, haut de bilan, marchés, jeunes dirigeants. Le Centre organise chaque année de nombreux événements, conférences et formations, dans le but de favoriser des liens entre le monde de l'entreprise et celui de l'enseignement. J'y ferai des rencontres décisives pour mon avenir professionnel tout en y nouant des amitiés fortes et durables.

Il ne me faut pas longtemps pour m'apercevoir que de nombreux sociétaires du Centre, éminents dans leurs domaines respectifs, ne sont pourtant affiliés à aucun des clubs. J'y vois une opportunité. Je te demande donc de m'aider à sortir, puis classer, toutes leurs fiches individuelles. Je n'ai plus qu'à créer mon propre club, le Club des Professions Financières, où je ne tarde pas à les accueillir en tant que président.

L'enthousiasme dont je fais preuve tout au long de mon investissement dans le Centre, non seulement me permet d'en devenir vice-président, mais m'assure le soutien inconditionnel de certains, en particulier celui d'Edmond Alphandéry, ancien ministre de l'Économie et des Finances du gouvernement Balladur, qui me suivra avec bienveillance et admiration durant toute ma carrière.

Pendant la période sensible de ma préparation au concours et de mon intégration à la BdF, je passe un accord avec l'OCI afin de me mettre en sommeil. L'organisation est attachée à l'idée de compter, bientôt, l'un des siens dans une institution financière nationale.

Je n'ai plus d'activités officielles ni même de terrain, mais je participe encore à des réunions au sein d'un cercle restreint de responsables qui assurent mon statut de clando. Mes amis militants de base penseront quant à eux toujours que je les ai abandonnés pour prendre un poste et me verront comme un social-traître. Dans les faits, la direction du parti m'assigne une nouvelle mission : rédiger des articles sur la situation financière et monétaire à destination des militants, ainsi que des analyses sur la situation économique mondiale pour les cadres de la IVe Internationale.

*****

À côté de mon métier d'assistante sociale, ma passion pour la peinture et les arts plastiques est toujours là. Mais une autre marotte, connexe à celle-ci, prend une place croissante dans mes pensées et ne me lâche plus guère : la décoration d'intérieur. Mon goût pour le design m'amène à connaître sur le bout des doigts les mouvements historiques ainsi que les grands designers et architectes d'intérieur. Pour m'en imprégner encore plus, je fréquente les salons professionnels. Je me glisse même parfois dans leurs bureaux…

Mon père, qui fait encore référence dans les métiers du bois, me présente nombre de professionnels du secteur de l'ébénisterie contemporaine, toujours fort prisée des architectes les plus en vue. Je découvre ainsi le VIA[5], un centre représentatif de la filière design industriel. Madame Claude Lévy-Soussan y remet, chaque année, la Bourse Agora à de jeunes créateurs. Cela me fait rêver. Mais estimant ne pas dessiner assez bien pour me lancer, je décide de m'inscrire à des cours hebdomadaires de dessin et perspective dans un atelier de la Ville de Paris.

---

[5] Valorisation de l'innovation dans l'ameublement

Je reprends contact avec Claude Garnier, cet architecte-artiste que j'admirais déjà, enfant, et qui est responsable du service de l'architecte intérieure des ambassades de France. Il me reçoit gentiment et se démène afin de me mettre en contact avec des gens influents.

Je commence à investir dans des objets du design, emblématiques à mes yeux : la lampe Tizio, qui ne quittera plus notre salon, puis mon bureau, ou la célèbre chaise longue LC4 de Le Corbusier, dans sa version en cuir noir, parfaite pour trôner au milieu de notre séjour. Tout au long de ma vie, je resterai fidèle aux créateurs qui savent susciter en moi ce sentiment d'admiration en concevant de beaux objets épurés et graphiques, touchant à la perfection tout en alliant innovation et simplicité, chic et esprit. Avec l'art, c'est, pour moi, le meilleur de l'humain.

À partir de 1985, je me rends, chaque année au Grand-Palais, pour les expositions *Habiter c'est vivre* et *Intérieurs* qui regroupent l'ensemble des innovations techniques et formelles inhérentes au secteur de l'habitat. Claude Garnier m'adresse avec recommandation à Claude Levy-Soussan, directrice du groupe Mobilier international puis de Castelli France. Elle œuvre pour la découverte en France des grands designers internationaux, et me reçoit dans sa célèbre boutique de la rue Saint-Honoré.

D'emblée, je lui déclare vouloir travailler avec elle. Sans doute influencée par mon prestigieux parrain, la dame m'écoute patiemment et accueille ma démarche avec une grande bienveillance. Quelques jours plus tard, une lettre me parvient avenue des Acacias : me voilà embauchée ! Sous le coup de l'émotion, je me mets à pleurer, soudain consciente du malentendu qui s'esquisse. Puis je me confie à toi : « Toto, ce n'est pas du tout cela que je veux faire… Vendre des meubles… Je ne souhaite qu'une chose : concevoir et dessiner ».

Tu me prends par la main, t'installes en face de moi, me regardes droit dans les yeux et te fâches : « Pascale, maintenant ça suffit ! Toi et moi savons parfaitement que ton rêve, c'est de devenir architecte. Maintenant, tu t'inscris dans une école ! »

Alors que ton ascension sociale si méritée est bien entamée, c'est à mon tour de réinventer ma vie. À toi désormais, selon les termes de notre contrat, de me donner les moyens de me réaliser.

Le 1er juillet 1987, alors que mon engagement de dix ans à l'AP-HP arrive à son terme, je décide donc de prendre une disponibilité afin de lancer à mon tour ma phase d'études. Ni toi ni moi n'aurons à le regretter, même si la perte de mon salaire équivaut alors, de facto, à une baisse de pouvoir d'achat pour notre foyer. Et que cela – j'en suis consciente – représente un gros sacrifice pour toi au moment où ta carrière décolle.

J'entreprends dès lors de rejoindre l'école de Paris Tolbiac, que je choisis, car elle est dotée d'une spécialité de construction bois. Ce matériau, qui fait partie intégrante de ma vie depuis ma plus tendre enfance, je le connais fort bien, mais pas encore dans la construction.

Juste avant de démarrer ma formation, les doutes, de nouveau, m'assaillent : comment concilier cinq années d'études avec mon statut de maman de deux petits garçons de 4 et 7 ans ? Je m'en ouvre à mon amie d'aérobic, Cathy, plus âgée d'une décennie. Son conseil, frappé de bon sens, me convainc : je dois, dès à présent, faire quelque chose de ma vie qui me corresponde enfin. Quand les enfants seront grands et suivront leurs propres chemins, ce sera trop tard pour moi : je ne serai alors, le reste de mon existence, que l'épouse d'un administrateur de la Banque de France…

Cette seconde secousse fait son œuvre. Je me lance dans le grand bain. L'exigence fait loi dans cette école. Nous sommes cent quarante sur la ligne de départ. Deux ans plus tard, il ne restera plus que trente étudiants. En 1993, quand le cursus atteindra son terme, nous serons… deux, seulement, pour présenter l'examen final. Les autres s'y attelleront, mais plus tard, par séquences successives, étalées dans le temps.

Au sein de ma promo, je fais la connaissance d'une seconde Pascale, mère de deux enfants elle aussi. D'une grande beauté, mais très réservée, elle m'accueille avec ce que je prends dans un premier temps pour de la tiédeur. Par la suite, nos relations se réchaufferont avant de se muer en une affectueuse complicité. Finalement, Pascale deviendra, pour de bon, mon double au point que cette amitié, quasi fusionnelle, survivra à l'épreuve du temps et des vicissitudes de l'existence.

Son talent d'artiste et son habileté créatrice n'ont d'égal que son sens aigu du dessin, de l'esthétique et de l'architecture. Pour moi, persuadée de n'être « qu'une pauvre tâcheronne qui doit énormément bosser pour me mettre à niveau », ma nouvelle amie va constituer le soutien idéal de ma motivation, m'aidant dans la construction et la conception de projet. Mais Pascale a, elle aussi, ses propres lacunes dans d'autres matières plus théoriques… Du coup, nous prenons l'habitude de nous entraider afin de combler nos insuffisances respectives.

Cinq années durant, je travaille d'arrache-pied à Paris-Tolbiac, avec un plaisir jamais démenti. Il faut dire que j'apprécie l'ensemble du programme pédagogique auquel nous sommes astreints. Quarante-cinq heures d'enseignement hebdomadaire, sans compter les tâches personnelles à la maison, qui atteignent très vite la trentaine d'heures, plus la maison et les enfants…

Les cours sur l'histoire et la théorie de l'architecture d'Alain Farel me passionnent plus que tout. Il devient bientôt mon ami avant d'être mon directeur de diplôme.

Dès 1990, et en dehors de l'école, nous nous voyons beaucoup, Alain, son épouse Elisabeth, toi et moi. Principal ciment de notre complicité intellectuelle, Edgar Morin alimente bon nombre de nos conversations. Tout juste paru, *Architecture et complexité*, l'ouvrage d'Alain, établit ainsi un lien direct avec nos préoccupations du moment.

Je suis heureuse que tu décides d'assister avec lui (sans moi, j'ai trop de travail) au troisième séminaire d'Aix-en-Provence, consacré à la modélisation de la complexité : ce séjour scellera définitivement la grande proximité entre nos deux couples.

Je participe avec un plaisir croissant à l'enseignement d'arts plastiques d'Ivan Messac et aux travaux pratiques que nous dispense cet artiste peintre et sculpteur. En dehors des cours, je le retrouve régulièrement dans son atelier et l'observe travailler : c'est la première fois que je vois un artiste à l'œuvre, chez lui. J'adore tant son travail que j'achèterai, des années plus tard, deux de ses sculptures.

Le midi, je déjeune, sur le pouce, dans la cinémathèque de l'école en y dévorant d'innombrables films réalisés sur les architectes et les artistes. Mon engouement ne faiblit pas, mais se concentre surtout sur l'art, les artistes et leurs ateliers de production.

Les arts plastiques, bien davantage que les projets d'architecture, constituent mes matières de prédilection. Je passe d'ailleurs à l'acte, en me lançant dans la peinture abstraite, dans notre sous-sol. Je fais des séries sur les matériaux : goudron et coton, papier aluminium poinçonné, enduits de toutes sortes…

Une idée prend forme dans mon esprit. Pourquoi ne pas comparer des groupes d'architectes, entre les décennies 1950 à 1980, avec des groupes d'artistes plasticiens des mêmes époques ? J'établis alors des relations, qui me paraissent évidentes, entre les conceptions et les productions des uns et des autres. Puis, quand le projet me semble mûr, j'en parle à Alain Farel. Celui-ci, séduit, me dit : « Pascale, je te libère du temps dans mon cours si tu le souhaites, afin de tenir une conférence sur ce thème. »

Ce chantier restera le temps fort de mes cinq années à Paris-Tolbiac.

À la maison, outre mes plans et mes rendus dans les différentes matières, je fabrique des maquettes en carton et polystyrène. J'en profite pour stimuler la créativité des garçons en les faisant participer à mes travaux, en transformant ceux-ci en jeux, en les incitant à récupérer les chutes pour qu'ils fabriquent leurs propres objets, en leur enseignant le dessin et les bases de la perspective, de la géométrie descriptive et ma passion pour les corps platoniciens… De la même manière, dès que l'occasion se présente, je les entraîne dans les musées ou les monuments : je fais tout pour que cette période leur soit utile, pour leur ouvrir les yeux sur le monde, sa beauté, ainsi que sur la nécessaire présence de la créativité et des arts dans nos vies.

Mon diplôme porte sur la création d'un Musée des matériaux dans le parc de la Villette, bâtiment et contenu. En parallèle à sa présentation, j'organise une exposition d'arts qui me vaut cette remarque, circonspecte, du président du jury :

« Mais enfin, vous souhaitez devenir architecte ou peintre ?

— Les deux, monsieur ! Je serai les deux. »

Au cours des derniers mois précédant l'obtention de mon diplôme, je fais un stage de suivi de chantier chez l'architecte Vasconi pour la construction du nouveau service de cardiologie à l'hôpital Broussais.

Les choses se passent au mieux. Un jour, on me prévient : « Pascale, Vasconi en personne veut te rencontrer. » Le genre de truc qui ne se refuse pas. Surprise, je me précipite au rendez-vous dans les bureaux de son agence parisienne, proches du Luxembourg. Alors que je m'attends à une rencontre informelle, il m'annonce qu'il souhaite m'embaucher. Tout de suite. Maintenant ou jamais. Je suis abasourdie, à la fois flattée et décontenancée tant une telle décision, si brusque, me semble inenvisageable. Pas maintenant. Pas avant l'obtention de mon diplôme. Je n'ai quand même pas fait tout ça pour rien !

Je refuse donc. Ce petit événement, sans précédent, paraît-il, dans la maison, restera incompris.

Quand je suis enfin lestée de mon diplôme, j'obtiens, grâce à Alain Farel, un job chez Jean-Michel Wilmotte, autre architecte de renom que j'idolâtre depuis les années 1980. Mais si je suis aux premières loges pour voir ses méthodes de travail, ses techniques, pour grappiller de multiples informations de toute nature, mon travail en lui-même n'est guère exaltant. Il consiste à gratter des calques toute la sainte journée. La barbe ! Au bout de six mois, je prends la poudre d'escampette. Je saurai néanmoins par la suite tirer le meilleur profit de ce que j'ai appris là.

De ce bref passage chez Wilmotte, je tire une conclusion définitive : je ne veux pas exécuter. Et pour cela, je dois monter ma propre agence. Je m'y attelle sans tarder, avec toute l'énergie et la détermination qui me caractérisent.

Dans notre maison, j'installe mon bureau en lieu et place du tien.

À peine un humble lino posé au sol, et des meubles Ikea montés à la va-vite, et je me lance, à corps perdu, dans cette aventure. Le succès dépasse toutes mes espérances. Les commandes affluent. Il me faut recruter sans perdre de temps.

*****

L'année 1989 commence par un coup de théâtre. Un matin, j'entre dans le bureau de mon directeur de service et le trouve au téléphone. Il couvre alors le bas du combiné et me lance à la volée : « Jean-Claude, l'enseignement de finances pour le Corps des Mines, tu prends ? » Sans même réfléchir l'ombre d'une seconde, ni savoir de quoi il s'agit, ma réponse fuse : « Bien sûr ! ». Dès le mois de mars, me voilà en charge du cycle Finances pour le prestigieux Corps des Mines. Je garderai ce job, en marge de mes nombreuses autres activités, pendant vingt-cinq ans, jusqu'en 2014.

Évidemment, ce challenge, aussi exaltant qu'inattendu, me stresse. Dans un premier temps, je ne me sens pas prêt, mais je m'y lance cependant. Je me donne beaucoup de mal pour dispenser aux élèves un enseignement différent de celui auquel ils sont accoutumés par les habitués de ce poste –, grands pontes, ministres et autres hauts serviteurs de l'État.

Le mien, théorique dans un premier temps, s'appuie ensuite sur l'analyse de documents comptables et de bilans d'entreprises afin de les faire travailler par petits groupes sur la pratique en vue de produire un diagnostic sur la santé de celles-ci. Au terme de leurs parcours, les étudiants sont envoyés au sein des sociétés qu'ils ont préalablement auditées : ils y échangent avec leurs managers et directeurs financiers, auxquels ils présentent leurs propres conclusions. Chaque année, à l'issue des formations suivies, les étudiants remplissent un formulaire d'évaluation de leurs enseignants : un quart de siècle durant, je serai reconduit dans mes fonctions, avec les meilleures notes. J'en ai toujours conçu un vif sentiment de fierté.

Peu de temps après avoir pris mon poste à la Banque de France, j'acquiers une forme de conviction. Conscient de la chance qui a été la mienne d'avoir pu atteindre mes objectifs, *a fortiori* aussi vite, grâce à mes merveilleux professeurs du CNAM, Jacques Lesourne et Claude Perochon, je souhaite désormais rendre un peu de ce que j'estime devoir à l'institution. J'accepte donc la proposition qui m'est faite d'y enseigner à mon tour. Quatre années durant, jusqu'en 1994, je m'astreins à cette activité, passionnante, mais vraiment chronophage pour notre vie de famille et nos loisirs. Un choix que tu comprends, mais que tu as beaucoup de mal à accepter, d'autant que plusieurs de mes étudiants un peu trop enthousiastes envahissent la maison le dimanche pour me demander des conseils ou de l'aide. Certains, comme Myriam ou Pascal, mon étudiant préféré, feront presque partie de la famille…

Ma boulimie d'activités n'a pas de limites. En 1991, je me mets aussi à enseigner à Paris 2 – Assas. Une tâche plus ponctuelle au cours de l'année, mais qui ne requiert pas moins l'excellence. Si tout se passe bien avec les étudiants, j'éprouve toutefois des difficultés à côtoyer certains profs de cette fac réputée pour ses penchants d'extrême droite… La collaboration perdurera pourtant et ne prendra fin qu'en janvier 2000.

En 1994-95, je suis sollicité par Sciences Po pour préparer les élèves aux concours de la haute fonction publique : plans, mémoires, dissertations, notes de synthèse. Ayant pu bénéficier moi-même, fût-ce de manière atypique, des formations de cette école de premier plan, j'accepte de m'y coller.

Je ne me lance pas toujours dans cette multitude de travaux avec d'aussi nobles motivations. Parfois, ce sont les raisons matérielles qui priment. Je gagne confortablement ma vie, mais comme tu n'exerces plus d'activité professionnelle, il nous arrive d'avoir du mal à joindre les deux bouts. Je me résigne donc à dire oui à toutes les propositions consistant à donner des cours de compta-finance, des sessions courtes de deux ou trois jours au maximum, surtout les week-ends, dans différents instituts spécialisés au détriment de nos rares moments passés ensemble.

Lors de mon intégration en tant qu'Adjoint de direction, j'ai débuté, à la Banque de France de Nanterre, à la tenue de la caisse et à l'acheminement d'importants transports de fonds vers d'autres établissements. Un poste stressant, où ma responsabilité était directement engagée en cas de problème majeur.

Les choses s'étant bien passées de bout en bout, on me demande dorénavant d'officier auprès de grandes entreprises situées sur le bassin de La Défense. Flanqué de deux autres cadres de la Banque, je décide de monter un système expert d'analyse financière, dédié à ces dernières. Plus question cette fois de PME-PMI, mais bien de majors, dont les sièges sociaux sont installés dans le principal quartier d'affaires de l'ouest parisien.

Cet outil, qui prendra le nom de Géode, donnera pleine satisfaction à ses utilisateurs avant de s'étendre à l'ensemble du réseau de la BdF, à telle enseigne que les noms de Bac, Terri et Palu, ses concepteurs, circulent bientôt et suscitent un intérêt croissant. Une boutade restera sous la forme du sobriquet attribué à notre triplette : « La Bactérie Palu ».

De retour à Paris au siège de la BdF, je débute à l'Observatoire des entreprises, suite logique du succès des diagnostics et cotations que je faisais à Nanterre. Le développement du système expert, après ma participation au *Salon Entreprendre* en 1989, m'amène naturellement à travailler dans la Centrale de bilans sur l'état du crédit inter-entreprises en France, en comparaison avec les autres pays européens.

Je rédige un rapport d'évaluation de la situation en 1991, avec ma collègue Dominique Boissonnade, qui simule une réduction des délais de paiement à 45 jours pour tous.

Dans une note destinée à « Monsieur le Gouverneur Lagayette », je défends la création d'un observatoire des délais de paiement qui permettrait de centraliser les données de la Banque de France, de l'Insee ainsi que du ministère de l'Industrie, et de suivre les accords entre partenaires économiques. Le rapport de la commission Prada et du groupe Babusiaux-Lombard, auxquels je contribue en tant qu'expert, est présenté au Sénat en décembre 1991 et aboutit à une nouvelle loi sur la réduction des délais de paiement à 45 jours pour tous en janvier 1992.

De 1991 à 1993, je me consacre à sillonner la France afin d'organiser des conférences sur cette loi et son application, dans les Banques de France régionales, mais aussi les Chambres de Commerce et d'Industrie et les clubs de directeurs financiers.

Plus tard, en 2006, dans le bilan de compétence que j'effectue de ma propre initiative, un sentiment d'amertume sur cette période transparaîtra puisque j'y dénonce, noir sur blanc, « une absence, quasi anormale, de retour au plan professionnel ».

Ce n'est ni la première ni la dernière manifestation d'un malaise de plus en plus patent entre moi et ma hiérarchie quant au déroulement de ma carrière.

Les années suivantes, j'exerce dans le tout nouveau Service commercial de la Direction des entreprises, afin d'initier des manifestations, participer à des réunions de banquiers ou de chefs d'entreprises dans toute la France, diffuser Géode, mais aussi assurer une prévention dans les difficultés rencontrées par les sociétés.

Approché par Eva Joly, juge d'instruction au pôle financier du Palais de Justice de Paris, pour être son adjoint, je suis très tenté de donner une réponse positive qui m'offrirait une échappatoire à la Banque et une activité passionnante, conforme à mon éthique. Mais cette décision nous imposerait une vie sous contrôle permanent : protection continue par des gardes du corps dédiés à chacun des membres de la famille. Nous n'imaginons pas nos enfants se déplacer ainsi, à l'école et dans leurs activités périscolaires. Ce n'est pas acceptable. La mort dans l'âme, je refuse.

Mon statut au sein de l'institution financière nationale s'accompagne, comme de bien entendu, d'un impératif : se conformer à son modèle social, rigoureux, auquel je me plie avec assez de contentement. Cela ne m'empêche pas de garder un esprit critique sur ces symboles de classe : utiliser un briquet Dupont, écrire avec un stylo Mont-Blanc extrait de son élégant étui en cuir, porter des costumes gris anthracite, des chemises bleu pâle le jour et blanches pour les réceptions. La ceinture elle-même est codifiée, afin de garantir tenue et pli du pantalon. Dans cette panoplie du parfait administrateur, dans cet uniforme du banquier idéal, il faut aussi compter bien sûr mes chères et fines Church's et les chaussettes… noires exclusivement produites avec du fil d'Écosse, bien sûr.

Seul espace de liberté : le choix des cravates. Je finirai par en compter plus de deux cents, Hermès et autre, toujours en soie, dont je me déclare très fier.

Cet univers d'artifices, indispensable dans ce milieu, n'aura plus de secret pour moi lorsque je rejoindrai le « saint des saints », Bercy, dans le cadre de nouvelles fonctions.

Reste un souci réel pour mon acclimatation à ce nouveau monde de la haute fonction publique, que ne saurait masquer mon adhésion inconditionnelle à ses codes vestimentaires : mes lacunes abyssales en anglais.

Dès notre installation au Domaine de Villiers, conscient de ces carences et de leurs potentielles conséquences pour ma nouvelle carrière, j'entreprends de les combler au moyen de cours particuliers dans une école spécialisée du quartier de l'Opéra, habitude que je pérennise une fois installés avenue des Acacias.

Mais rien n'y fait. Mes progrès se révèlent inversement proportionnels à la somme de travail – toujours plus considérable – que j'y investis. Face à ce constat désespérant, tu es partagée entre affliction, compassion et colère.

Nous en tirons une ferme résolution : faire en sorte que Yann et Maël deviennent bilingues, de préférence le plus tôt possible. D'où notre décision de prendre nos vacances familiales d'été en Angleterre. Nous adhérons à Pontin's, un organisme qui nous permet de réserver dans différents centres du pays dans lesquels il est impossible de communiquer autrement que dans la langue de Shakespeare. C'est exactement ce qu'il nous faut si nous souhaitons nous immerger dans cet environnement.

La qualité des activités proposées, la beauté de la campagne anglaise et la gentillesse des personnels font le reste. Rien n'est laissé au hasard pour garantir un bon séjour à l'ensemble des familles présentes.

Nos fils, eux, évoluent au Crocodile's Club comme des poissons dans l'eau. Une année, Nanou, déguisé – ou plutôt accoutré – avec les moyens du bord pour la circonstance, remporte un concours de Rambo organisé pour les garçons. Notre aîné est aux anges même si, au moment de recevoir son prix, et acclamé par le public familial présent sur place, il tend ses petites mains vers moi, avec une moue, en criant, un peu intimidé : « Rien compris ! »

Quant au petit Maël, il se cache derrière tes jambes et s'écrie, chaque fois qu'une personne s'approche « Pas beau le Nanglais ! »

Dès la première année, nous sympathisons avec un couple, John et Janet. Outre leur bonhomie, ils nous conquièrent aussi par l'élégance de leur accent Oxford-Cambridge. Comme nous, ils ont deux enfants, Ian et Melanie, qui partagent leurs jeux avec Yann et Maël. Dès l'année suivante, nous débuterons des échanges de séjour les uns chez les autres. Oxford, ses bâtiments somptueux et ses bibliothèques prestigieuses, exerce immédiatement une telle fascination sur Yann qu'il prend la résolution d'y poursuivre ses études plus tard. Il y retournera donc à l'adolescence, pour des stages intensifs d'anglais.

*****

Au cours de ces années chargées et mouvementées, nous avons la chance de vivre dans cette grande maison de l'avenue des Acacias dotée d'une terrasse sur le jardin, au niveau du rez-de-chaussée surélevé et d'un sous-sol semi-enterré, accessible en voiture par une rampe au dénivelé plutôt raide.

Lors du premier hiver que nous y passons, cette pente est le théâtre d'une anecdote cocasse que je revis toujours avec le même sourire. À cette époque, tu t'es coulé avec un certain plaisir dans le costume de ta nouvelle classe sociale. Tu ne quittes ni ton Loden bleu marine, ni, à tes pieds, tes chères – à tous les sens du terme – Church's que tu as prises aussi en affection. Un matin, à l'heure de partir au travail, tu sors à toute allure, comme à ton habitude, sans même t'apercevoir que le sol est gelé. La fameuse pente est recouverte d'une épaisse pellicule de glace. À peine as-tu posé une semelle dessus que vous glissez, toi et tes précieuses chaussures aux semelles lisses, puis dévalez la patinoire. Tombé sur le dos, tu te retrouves, comme une tortue sur sa carapace, à tournoyer sur toi-même jusqu'en bas. L'affaire se termine par un boum sonore… dans la porte du garage. Sortie sur la terrasse pour te dire au revoir, je me mets à rire, à gorge déployée, devant cette scène burlesque digne d'un film de Charlot. Impossible de m'arrêter. Pas très charitable, j'en conviens, mais, tu le sais bien, je ne pense jamais à mal. Surtout quand il s'agit de toi.

Ces années passées avenue des Acacias coïncident pour nous avec une immersion durable dans l'univers des penseurs contemporains. Tu t'intéresses à Fernand Braudel, Henri Atlan et René Girard, en lisant sa théorie du *Bouc émissaire*, puis *La Violence et le Sacré* et, enfin, *Des choses cachées depuis la fondation du monde*. Un triptyque référent sur lequel nous échangerons pendant une bonne dizaine d'années, entre nous et autour de nous. Tu suis par ailleurs avec passion les si riches séminaires culturels et scientifiques des Colloques de Cerisy.

Inévitablement dans ce processus, nous en arrivons à Edgar Morin et à son *Introduction à la pensée complexe*. Si nous bossons beaucoup dessus, c'est aussi parce que ce segment de l'œuvre du philosophe recoupe mon activité à l'école d'architecture avec mon professeur, Alain Farel.

Dans la continuité de la politique, qui occupe toujours une place prépondérante à tes yeux, tu t'attaches aussi à comprendre et analyser l'histoire, mais par un biais moins militant. Georges Duby, l'un des plus grands spécialistes du Moyen Âge, t'apporte ainsi de précieux éclairages sur cette période.

Les garçons suivent souvent nos débats enflammés sur ces thématiques d'adultes. Yann, surtout qui, en dépit de son jeune âge, en comprend déjà certains aspects. Il connaît donc le fameux historien et regarde un jour, avec nous, une émission télévisée sur son œuvre. Du coup, lorsqu'il entend sa maîtresse critiquer le petit écran en affirmant, sans nuance aucune : « Il n'y a jamais rien d'intéressant à la télé, pourquoi perdez-vous votre temps à la regarder ? ». Il lève la main puis répond : « Si, maîtresse, des fois, il y a des émissions sur Duby ». Et l'institutrice de s'indigner : « C'est quoi encore ce dessin animé japonais ? » Le tout, à la consternation absolue de Nanou… et à la nôtre.

Primaire pour le plus grand, maternelle pour le petit : Yann et Maël vont à l'école Jean Jaurès, où mon frère et moi avons été scolarisés autrefois, et que nos petits enfants fréquenteront plus tard à leur tour. La vie, pour eux aussi, est agréable.

Ils copinent avec deux gamins de leurs âges respectifs, lesquels ne sont autres que les fils de la maîtresse de Maël, Martine, vite devenue son idole. Un sentiment qu'elle lui rend bien, en le surnommant *mon petit assistant*. À sa demande, notre cadet ne rechigne pas à distribuer, dans sa classe, livres et documents scolaires à ses camarades. Aider sa maîtresse est plus intéressant que faire les devoirs !

Nous trouvons chouette de les réunir tous les quatre, à la maison, les mercredis et les week-ends. Ils prennent leurs repas, se baignent dans la piscine gonflable installée au milieu du jardin, et s'occupent, ensemble, toute la journée, sans même voir le temps s'écouler. Parfois, nous les gardons à dormir tant ils ont du mal à se séparer. Yannick, l'ami de Yann, Camille, celui de Maël, passent aussi beaucoup de temps chez nous.

Pour nos vacances d'été en famille, nous partons en Angleterre où Maël s'entiche d'un petit lapin présent dans le club des enfants. À peine rentrés à Paris, ni une ni deux, nous voilà chez Truffaut pour y acheter un petit lapin blanc que Maël baptise… Slushy, clin d'œil malicieux aux glaces Slush découvertes outre-Manche, mélange pas très diététique, mais délicieux pendant les grandes chaleurs, de sirop de fruit sucré et de glace pilée. Il ne tarde pas à l'apprivoiser en le gardant entre ses jambes, dans sa manche, dans ses bras ou sur son épaule – quand ce n'est pas dans son lit – tout au long de la journée. L'obsession est telle que le « réveil lapin » – l'une de ses expressions favorites de l'époque – n'est pas de trop, le matin, pour les tirer tous deux du sommeil. La bestiole a tout juste le temps de faire ses besoins, dans sa litière, avant de repartir de plus belle jouer avec les enfants. Le cinquième larron en quelque sorte…

L'heureuse Slushy vivra huit ans parmi nous. Le jour de sa mort, je pleure tellement que je dois chausser des lunettes noires pour me rendre en réunion de chantier, suscitant ainsi la compassion des ouvriers et du chef d'entreprise présents. Lesquels ne peuvent s'empêcher d'éclater de rire quand je leur confie benoîtement la cause de mon chagrin : « Mon lapin est mort ! »

Grâce au Comité d'entreprise de la Banque de France, les enfants bénéficient de possibilités de vacances formidables. Chaque année, le rituel, immuable, consiste à les réserver sur catalogue. Pour Maël, le choix est vite fait : tous les ans invariablement, il demande à se rendre à Ragny, le centre de vacances de la Banque de France. Au point que, quand on le questionnera sur le métier qu'il souhaite faire plus tard, il s'écriera sans hésiter : « Directeur à Ragny ! »

Tandis que nos vacances en famille ont lieu en août, pour les enfants tout commence dès juillet, au siège de la BdF, rue Croix des Petits-Champs à Paris, d'où ils partent en bus pour deux semaines vers des destinations aussi diverses qu'alléchantes pour eux, avec leur multitude d'activités et la possibilité de rencontrer de nouveaux amis. Nous sommes sereins, car les conditions de sécurité, l'encadrement, le professionnalisme des équipes, la qualité des infrastructures sont parfaits.

Les deux autres semaines de juillet, ils les passent aux côtés de mes parents qui louent des maisons et leur font découvrir les plus belles régions de France.

L'enfance que nous rêvions, il y a peu encore, de pouvoir leur offrir.

Même si je n'ai plus de salaire, ces années qui voient advenir ta promotion sociale coïncident en effet avec notre décollage économique. Tes parents, ravis et impressionnés de ta réussite professionnelle, décident, de façon complètement inattendue, de contribuer à cette dynamique positive. Ils entreprennent ainsi de nous aider en nous allouant une part de leurs économies au fur et à mesure de nos besoins, afin de financer mes études d'archi.

Nous avons enfin les moyens d'envisager des voyages : après l'Angleterre avec les enfants, ce sera Rome, en amoureux cette fois, où nous vivons un moment merveilleux. Comble de plaisir, nous y rencontrons un architecte japonais avec lequel nous deviendrons amis.

Nous partons aussi en Grèce, dans les Cyclades, tous ensemble. Nous en garderons un souvenir inoubliable, peut-être le plus beau souvenir de toutes nos vacances partagées. Yann a alors 12 ans et Maël 9. Lestés de nos sacs à dos, nous arrivons en ferry à Amorgos, sur l'île du *Grand Bleu* chère à Luc Besson. Nous tombons tous les quatre en pâmoison devant ce site unique. Sept années plus tard, Maël insistera pour y retourner, seul : il y sympathisera avec une équipe d'archéologues et passera ses vacances en leur compagnie, à réaliser des fouilles.

Une photo, que j'aime particulièrement, nous montre en vadrouille durant ce séjour. (Photo 15) Tu y apparais avec ton sac à dos, énorme, sur lequel tu as rajouté ton matériel de plongée en apnée. Tu t'es entiché de cette activité depuis notre voyage en Espagne, où des gendarmes en vacances t'ont enseigné ces techniques, et tu descends à des profondeurs respectables afin de nous ramener de gros coquillages, les pinas, que nous mangeons sur la plage avec un jus de citron.

Il fait un temps de rêve et il nous arrive de dormir à la belle étoile. Le reste du temps, nous posons nos bardas dans une des innombrables petites pensions de famille de cette jolie île. Nous prenons nos repas dans des tavernes où nous choisissons nos plats directement dans les cuisines. Liberté totale !

Ces congés nous auront tellement marqués que, vingt-cinq ans plus tard, lors de la cérémonie clôturant tes obsèques, je choisirai, en accord parfait avec les garçons, la musique du *Grand Bleu* pour illustrer nos adieux. Un murmure approbatif parcourt l'assemblée, accompagnant les premières mesures du thème : pour l'ensemble des participants présents, il était clair que celui-ci collait à la perfection à ta personnalité.

Chapitre 5
Réussites

À la fin de l'année 1993, une mission m'est confiée dans le cadre d'une Délégation du Fonds Monétaire International dans un pays issu de l'ex-Union soviétique, l'Ouzbékistan, à l'invitation de leur Banque centrale. Ce séminaire à Tachkent a pour but la formation des cadres de leur banque centrale au financement des entreprises, opérations en devises et autres tâches inhérentes à la profession.

Je me suis fixé aussi l'objectif de ramener à la Banque de France les placements très importants du nouvel État, et j'y parviens. Pour cette décision prise au plus haut niveau politique de ce pays, je n'ai pourtant bénéficié que d'un soutien fort mitigé de mes responsables. Toutefois, les fonds arriveront en telle masse qu'une salle de marché dédiée sera créée dans la foulée de cet accord.

Pour moi, il s'agit d'un succès total. J'en serai cependant fort mal récompensé.

Car si le rapport que je remets à ma hiérarchie souligne la réussite de ma mission, celle-ci se contente d'en prendre acte, alors que je pensais, eu égard à son caractère stratégique, qu'elle me permettrait de gravir de nouveaux échelons au sein de l'institution. Il n'en sera rien. Pire : cet argent sera géré par l'un de mes collègues, ce que je percevrai comme un véritable camouflet personnel.

Mes projets sans cesse limités par mes supérieurs, je décide d'exercer mes compétences ailleurs : en 1995, j'obtiens un détachement à la Direction du Trésor, c'est-à-dire à Bercy, au cœur du ministère de l'Économie et des Finances.

Qu'importe le sentiment de frustration et de gâchis que je ressens, l'essentiel ne nous échappe pas : mon ascension, professionnelle et sociale, se poursuit. Je suis nommé adjoint au chef de bureau A2, ce qui signifie que je m'occupe de la réglementation bancaire, des surendettements, mais aussi des relations entre le Trésor et les banques mutualistes : Banque Populaire, Crédit Agricole et Caisse d'Épargne.

Cette période qui s'ouvre va durer deux ans. Comme à mon habitude, je la vis à fond, après un court moment de déstabilisation, le temps de découvrir le mode de fonctionnement du ministère, fort différent de celui de la Banque de France, puis de m'y ajuster. Là-bas, je pouvais apparaître et me comporter comme une sorte de cow-boy indépendant et atypique. Ce n'est plus le cas : il me faut devenir un véritable haut fonctionnaire au comportement et aux attitudes plus policés et institutionnalisés. C'est un nouveau saut dans l'inconnu.

Je comprends très vite qu'il y faut davantage de rigueur, notamment dans la rédaction des notes et rapports ou bien dans les échanges entre les différents bureaux, avant que ces éléments ne remontent vers le cabinet du ministre. Mes écrits – ce n'est pas une nouveauté, hélas – ne vont pas sans poser problème. Mes chefs de service, et en premier lieu mon chef de bureau, qui m'apprécient, prennent sur eux de m'aider à traverser cette période compliquée, faisant preuve de patience et de pédagogie pour me permettre de m'adapter, de combler mes carences et de trouver mes marques.

J'arrive au Trésor à un moment particulièrement tendu. Durant cet hiver 1995, une grande grève secoue le pays qui se retrouve en grande partie à l'arrêt. Les institutions financières, elles aussi, sont paralysées. Les transports publics ne fonctionnant plus, il m'est impossible de regagner la maison durant la semaine.

Tu m'apportes donc un matelas afin de me permettre de dormir dans mon bureau. Celui-ci disposant d'un cabinet de toilette et d'une douche, je me résous à m'y installer le temps qu'il faudra. Je ne rentre à Draveil que le week-end, pour me reposer et m'approvisionner en costumes, chemises propres et cravates, indispensables à mes obligations professionnelles.

À cette même période chahutée, je siège à Bruxelles, au sein d'une commission qui planche sur la réglementation bancaire. Pour que je puisse la rejoindre malgré les blocages, des chauffeurs viennent me chercher à 4 heures du matin. C'est une véritable épreuve, physique et psychologique, doublée d'un réel challenge à l'heure où démarrent mes nouvelles fonctions au ministère.

Les grands banquiers, que je connais déjà depuis mes travaux sur la réduction des délais de paiement aux entreprises, accueillent favorablement ma nomination. Nos relations de confiance, qui vont devenir par la force des choses plus étroites et constantes, me seront fort utiles, quelques années plus tard, quand j'étrennerai mes fonctions de Médiateur national délégué du Crédit.

En 1997, je fais partie de l'équipe de spécialistes qui rédige le premier manuel intitulé *La Gestion financière* sous la direction de Hervé Hutin, professeur agrégé d'économie, maître de conférences à l'IEP de Paris[6] et enseignant à l'Université de Savoie. Cette publication me demande un travail soutenu qui me permet de poser la totalité de mes connaissances dans ce domaine et qui offre un outil pédagogique plébiscité par les étudiants, au point d'être remis à jour et réédité trois fois jusqu'en 2004.

Cette même année 1997, je deviens adjoint de direction 1° classe à la BdF, le genre de grades et de déroulement de carrière qui font plus penser à l'armée qu'à une grande institution financière, notre poste à la Banque étant d'ailleurs notre affectation militaire en cas de guerre.

Mes écrits ne se limitent pas aux notes et rapports officiels ni à ce type d'ouvrages pédagogiques. Je produis également nombre de rapports, confidentiels ceux-ci, à l'usage de mes camarades trotskistes et particulièrement pour la formation des cadres de la IVe Internationale. J'y explique, entre autres, les évolutions du système financier international, le rôle, capital désormais, de la Banque Centrale Européenne, le traité de Maastricht, l'Euro, future monnaie unique de l'UE et la spéculation qui, déjà, en découle[7]. J'y explicite

---

[6] Institut d'Études Politiques – Sciences Po

[7] Voir annexes

aussi les éléments conjoncturels, telle la crise qui éclate alors en Asie du sud-est et menace l'équilibre fragile de l'économie mondiale, mais aussi Internet, instrument majeur de l'offensive commerciale et politique des États-Unis, ou encore la monnaie électronique, enjeu fondamental pour les décennies à venir.

Des textes qui paraissent prophétiques aujourd'hui, où mes analyses politiques et ma pertinence intellectuelle sont manifestes. Militant, je suis, militant, je reste. Mon nouveau statut, au cœur de la plus haute instance économique et financière du pays, n'y change rien.

Ce détachement à Bercy dure deux ans. La troisième année, m'appuyant sur cette expérience, je débute à la Commission bancaire en qualité d'adjoint au chef de service des banques de marché et des entreprises d'investissement. Un poste plus stratégique qu'il n'y paraît de prime abord puisqu'il s'agit, pour moi et mes collègues, tous considérés comme des administrateurs un peu en marge de la BdF, de contrôler les établissements de crédit du pays et de sanctionner leurs manquements. Nous circulons donc dans la France entière, durant plusieurs mois, avant d'être nommés responsables d'une région.

« La police des polices des banques, un service de cow-boys » comme je le dis souvent. Ce rôle de justicier me convient d'autant mieux que je bénéficie d'une certaine autonomie dans l'action. Je renonce vite cependant face à l'impératif de déplacements incessants en semaine, qui m'oblige à vous laisser seuls à Draveil. Je n'aurai donc pas le temps de me voir attribuer une région.

J'accepte, en 1998, la proposition qui m'est faite de devenir chef de cabinet du directeur des Titres. Me voilà de retour à la Banque de France, à la tête d'un service de vingt-deux personnes en charge de la mise en œuvre du pilotage des activités de la direction, celle-ci comptant cent soixante-cinq personnes. Je resterai sept années à ce poste, qui me permet d'atteindre le grade de directeur adjoint 2° classe en 2001.

Reconnu comme un expert des délais de paiement des entreprises depuis mes travaux sur cette question ô combien concrète et importante aux yeux des entrepreneurs et des financiers, le milieu financier sollicite régulièrement mes interventions. Lorsqu'une conférence est organisée au Sénat sur ce thème en 1997, avec la participation de Claude Bébéar, l'un des papes du patronat français de l'époque, je suis l'un des orateurs. À cette occasion, Yann endosse le premier costard-cravate de sa vie. Pas question pour lui de manquer la prestation de son père dans ce lieu prestigieux.

Aujourd'hui encore, il s'étonne et s'amuse tout à la fois de ce moment, avec une note d'admiration dans la voix : « Cette conférence était incroyable. Papa a parlé comme un haut fonctionnaire, mais en utilisant des analyses et des arguments typiquement trotskistes, devant un parterre de patrons, de financiers et d'économistes. Et tous les gens présents partageaient son avis. »

Il a raison. J'emporte souvent l'adhésion de mes ennemis de classe, dans mon domaine, par mon analyse et mes propositions d'action…

*****

Notre déménagement s'impose comme la grande affaire de ce début d'année 1995. Il nous faut, au plus vite, trouver une maison dans laquelle je pourrai installer mon agence d'architecture, toute neuve et déjà en plein boom.

Yann a 15 ans et entre au lycée de Montgeron ; Maël, lui, va au collège dans le même établissement. Tous deux ont choisi le chinois comme deuxième langue vivante, Montgeron est donc le seul lycée public des environs à pouvoir les accueillir.

Nous commençons à regarder les biens disponibles à Draveil. Un samedi, nous visitons l'ancienne villa d'un vétérinaire située place Rouffy. Son orientation par rapport au soleil me déplaît et ses espaces intérieurs ne correspondent pas à nos besoins. Une visite pour rien ? Loin de là.

Du premier étage, je découvre la maison d'en face qui me paraît idéale : bonne orientation, architecture ouverte, local indépendant dans le jardin, donnant sur une rue contiguë. J'ai la bonne idée de parler de cette découverte à mon amie Lydie, cuisiniste de profession, avec qui je déjeune le mardi suivant. Le hasard faisant parfois bien les choses, elle-même, en ce moment, refait la cuisine du fils des propriétaires. Elle me révèle que la maison est en vente. Grâce à cette information précieuse, nous nous présentons donc au couple résident, qui nous reçoit chaleureusement.

Nos hôtes nous avouent, sans détour, qu'ils cherchent plutôt des acheteurs en mesure d'utiliser l'ensemble de ses fonctionnalités : une maison et un local professionnel. C'est exactement notre projet. Mais l'évidence s'impose à nous : le prix de cette demeure est bien au-dessus de nos moyens. Sur ce constat amer, nous nous séparons, aussi déçus les uns que les autres.

Le mercredi soir suivant, le propriétaire de la maison, Monsieur Beurier, expert-comptable et membre actif du Rotary Club local, participe avec son épouse au traditionnel dîner hebdomadaire organisé à la Banque de France d'Évry. Au fil des conversations, il confie au directeur qu'un certain Jean-Claude Palu s'intéresse à sa propriété familiale et professionnelle. Ce dernier, qui te connaît bien dans le contexte professionnel, lui exprime tout le bien qu'il pense de toi et de ton potentiel.

Le vendeur nous rappelle alors et annonce tout de go : « Revenez nous voir. C'est vous que nous avons choisis pour acheter notre maison ». Il balaie ensuite nos ultimes hésitations en nous proposant d'utiliser immédiatement le local professionnel, mais de n'en acquitter le paiement qu'à terme, quand mon activité se développera.

Nous sommes emballés, mais je sollicite tout de même l'avis de notre ami Alain Farel qui vient visiter la maison pour évaluer son potentiel, avant de livrer son diagnostic : « Vous ne pouvez pas passer à côté de pareille opportunité ». Et d'ajouter, afin de nous convaincre une fois pour toutes : « Bientôt, Pascale, tu vas gagner beaucoup d'argent ».

Nous avons peur de nous lancer. Nous faisons et refaisons nos calculs financiers avant de nous décider. Pas de doute : ce sera serré pendant deux ou trois ans, mais tant pis. On y va, et sans paiement à terme !

Je suis super contente de mon nouveau bureau, cosy et fonctionnel, installé dans le jardin, place Rouffy.

(Photo 16)

À cette époque, je gère huit projets, ce qui me paraît énorme. Je n'imagine pas que, quelques années plus tard, ce sera une centaine, en continu… La moitié de ces premiers dossiers concerne l'architecture d'intérieur, domaine qui me régale. Les autres sont orientés vers la construction.

Parmi les chantiers qui m'occupent figure celui de Philippe Blanc, directeur général d'un grand laboratoire pharmaceutique, qui m'a reçue dans son bureau, avenue Hoche, avant de me sélectionner parmi d'autres architectes. Il possède deux vastes appartements dans le XVIe arrondissement de Paris, qu'il souhaite recomposer de fond en comble. Mobilier compris. C'est énorme et exaltant. Nous sommes encore en relation amicale aujourd'hui, tant ce chantier a créé de forts liens entre nous.

Certains jours, je passe jusqu'à 17 heures sur ma planche à dessin, pour les plans de mes projets. Ma soupape de sécurité, dans ces périodes de concentration et d'activité extrêmes comme tout au long de ma vie, c'est le rire. Je suis une rieuse. Autant je peux être dure, impitoyable, d'une rigueur et d'une exigence absolues avec mes collaborateurs lors des phases de travail ou des réunions, autant, dès que la tension de l'action retombe, je suis la première à rire de tout. Au quotidien, mes proches et mes amis le savent, je me marre tout le temps, pour tout. Les photos le prouvent : pas une où je ne sois en train de rire…

Je suis consciente de démarrer mon activité dans une période très difficile. Nous sommes en 1995, et la crise a touché durement tout le secteur de la construction. De nombreuses agences d'architecture et petites entreprises de construction déposent leur bilan. Je dois apprendre à travailler dans ce contexte dégradé et tu vas m'y aider, en m'apprenant les bases de la bonne gestion.

Dans cette période, quand il y a du travail, les équipes se serrent les coudes. Le dialogue est permanent, l'approche résolument collective et les réunions de chantiers nombreuses. Maçon, plombier, électricien, menuisier : chacun donne son avis. Au final, ces échanges collaboratifs permettent toujours de trouver une solution adaptée à la situation. Au fil du temps et de mes années dans la profession, je ne pourrai que regretter de voir s'étioler cette dynamique de travail, jusqu'à disparaître complètement, remplacée par de l'incompétence et du juridique.

Gérer cette jeune structure tout en menant de front ces divers projets me stresse et m'épuise. Les journées sont sans fin. Je me tue au travail. Pas plus que toi, en ce domaine, je ne suis capable de me fixer des limites.

Il ne me reste qu'un mince créneau pour pratiquer le yoga, l'unique discipline sportive à laquelle je tiens, car je sais combien elle m'est bénéfique. Ne serait-ce qu'afin de me détendre un peu et me relaxer.

D'autant que je m'occupe également de la maison et de nos garçons, devenus de jeunes ados, ainsi que de leur joyeuse bande d'amis très présents. Pour me sentir plus près d'eux, j'ai fait percer une fenêtre dans mon bureau donnant sur le jardin et le portail, afin de les voir arriver ou sortir au fil de la journée.

D'un commun accord, nous avons toujours refusé que Yann et Maël circulent à deux roues. Cet interdit – le seul qu'ils aient eu à subir – implique une contrepartie qui nous engage souvent : les véhiculer. Dès lors qu'il s'agit pour eux de se rendre à une activité, et quelle que soit la nature de celle-ci, je m'astreins donc à les y conduire en voiture. Mais cela vaut aussi pour leurs autres sorties, où qu'ils aillent, à n'importe quelle heure et par tous les temps. Y compris le week-end, quand il s'agit de ramener leurs petites amies respectives à l'autre bout de Paris ou de sa banlieue. Un soir où tu t'es chargé de reconduire

Laure, l'amie de Maël, tu démarres alors que celui-ci est en train de fermer le portail. Je vois mon fils de 16 ans revenir à la maison, dépité : « Maman, papa est parti avec ma copine ! »

Tu m'as expliqué, quitte à m'angoisser un peu, que le cap fatidique à franchir pour une entreprise comme la mienne se situait au terme de la troisième année d'activité. Je m'astreins donc à la plus grande prudence pour être prête à une avalanche de charges au terme de ces trois ans : cela se traduit par une limitation drastique des revenus que je m'accorde, afin de placer l'essentiel pour pouvoir faire face si besoin.

Assez logiquement, j'ai décidé de te consulter pour tout ce qui concerne la gestion de ma boîte. Tous les ans, tu te plonges donc dans mon bilan au terme de l'exercice écoulé, et me prodigues des conseils d'ordre financier, juridique, voire commercial. Investissement, embauches, repositionnement de l'entreprise : tu ne laisses rien de côté, passant l'ensemble des aspects comptables au peigne fin.

Notre partenariat trouve là un nouveau champ de réalisation.

Si mon agence fonctionne bien, un domaine reste cependant problématique pour moi : l'embauche. Jusqu'au terme de mon activité d'architecte, il me faudra composer avec le sous-effectif. C'est que, pour rémunérer comme je le souhaite mes collaborateurs, un surplus de chiffres d'affaires conséquent demeure indispensable avant toute embauche. Je dois compenser, par un surcroît de travail personnel, ce souci récurrent et chronique.

Pour y faire face, et malgré mes réticences philosophiques et politiques, je suis contrainte au cours de ces premières années d'activité d'avoir recours à des employés en CDD. Dès que les conditions me le permettront, je refuserai de recourir aux emplois en intérim et, plus encore, aux contrats courts ou précaires : une exigence éthique que je revendique.

Au bout de quelques années d'existence, mon agence comptera une demi-douzaine de salariés. Tous en CDI.

En attendant, pour remédier en partie à cette surcharge de travail à la fois dans mon bureau, sur mes chantiers et auprès de mes clients, je recrute ponctuellement des copains de promotion, notamment mon amie Pascale qui me rejoint afin de participer à la création du book concept de la marque Histoire de pains. Quel plaisir de travailler ensemble !

Étonnamment, je suis si satisfaite par mes calques, dessins et autres collages de maquettes ou mises en couleurs de mes plans, que je n'éprouve plus le besoin de peindre. Durant quelques années, entre 1995 à 2003, je remise donc toiles, pinceaux et pots de peinture.

Chapitre 6
Échappées belles

Nous ne nous sommes pas épargnés, l'un comme l'autre, durant toutes ces années. Nous avons mobilisé toute notre énergie, toute notre volonté, toute notre force de travail pour nous hisser hors de nos conditions de départ, hors de ces vies auxquelles nous semblions assignés et qui ne nous correspondaient pas. Nous y avons consacré nos jours et nos longues soirées, nos semaines et nos week-ends, nous avons sacrifié beaucoup, nous nous sommes privés pour atteindre nos buts. Nous l'avons fait ensemble, toujours en accord, toujours en soutien l'un de l'autre.

En cette fin de décennie 1990, cette réalisation à laquelle nous avons tellement tendu est au rendez-vous : tu as un poste dans une des plus grandes institutions françaises, tandis que mon agence connaît déjà une belle croissance.

Il est temps de souffler, d'accepter ces temps de pause si longtemps ajournés, de partir pour réaliser ces rêves d'ailleurs que nous repoussons depuis si longtemps. Nous en avons désormais les moyens : nous pouvons nous offrir ces vacances et ces voyages que nous nous sommes jusqu'alors refusés, trop absorbés par la construction de nous-mêmes.

Peu de temps après l'achat de la maison, au moment de Noël 1995, nous partons donc quelques jours à Istanbul, toi et moi, grâce à mes parents qui gardent les garçons. Nous découvrons une ville tout en contrastes – pas une femme dehors, les hommes et les enfants faisant les courses pour la famille ; autour de l'université, nous croisons quelques étudiantes voilées… – ainsi que ces chocs esthétiques de pure beauté architecturale que sont Sainte-Sophie, le réservoir d'eau ou le café Pierre Loti sur le Bosphore. Pourtant, malgré ces splendeurs, je ne peux m'empêcher d'être déçue. Istanbul ne correspond pas au fantasme que j'en avais, c'est une ville qui n'a rien à voir avec la Constantinople au milieu du désert que j'avais imaginée, une ville souillée par la pollution comme l'est le Bosphore.

Dans les mois qui suivent, nous n'arrêtons plus de nous accorder ces bouffées d'oxygène indispensables au milieu d'années consacrées au travail, de journées harassantes et stressantes.

Escapades à deux, comme cette merveilleuse visite de Venise au moment de la Biennale d'architecture, cette grande fête de la créativité architecturale, en octobre.

Vacances avec les enfants, à l'image de ces semaines d'avril passées à Bristol, dans cette Angleterre où vivent depuis peu Gilles, mon frère, et Hélène, sa compagne.

Été sur la Côte d'Azur avec la petite tribu des garçons et de leurs copains, Yannick et Popo, dans une maison louée pour l'occasion, à charge pour chacun de participer aux tâches ménagères. Et personne n'y échappe : tu écopes ainsi d'une corvée de WC. Une photo, que j'ai précieusement conservée, immortalise l'événement : quand on veut montrer l'exemple !

Plus sérieusement, cet été marque aussi le moment où nous nous initions, grâce à Laurent, un copain qui vient de divorcer et qui séjourne dans la région avec ses petites filles, à une activité dont nous serons adeptes des années durant : la navigation. Il loue un bateau à Porquerolles et nous entraîne en mer. Nous adorons cette expérience au point que nous passerons, tous les quatre et deux par deux, nos permis bateaux respectifs dès que les finances le permettront.

Le cycle de nos voyages ne fait que commencer, comme des respirations dans la course sans fin de nos existences. Cela devient le ciment de notre vie familiale, précieux moments détachés de nos servitudes au travail. Notre curiosité culturelle et humaine l'exige et notre grande énergie nous y autorise.

À Pâques 1997, nous partons pour l'Afrique. Dans l'avion, nous faisons la connaissance de François et Dolo, un couple qui a eu la bonne idée de réserver dans le même hôtel que nous, au Sénégal. Les multiples aventures partagées dans ce pays scellent notre amitié pour toujours : après ton décès, François, qui a divorcé entre-temps et a surmonté la douleur de cette épreuve en reconstruisant sa vie, me sera d'un soutien inconditionnel, toujours prêt à m'écouter, me conseiller ou agir. Temps forts de ce voyage : notre vie à M'Bourg, petit village proche de Dakar, puis la visite de Gorée et de son mémorial de l'esclavage dont les murs ne vont cesser de m'inspirer dans ma production artistique, photos, séries de toiles. Enfermement, beauté et souffrance : des motifs qui soutiennent mes œuvres encore aujourd'hui.

Viennent ensuite les vacances d'été : nous choisissons la Crète. Notre amour pour les îles grecques est intact. Fidèles à la tradition, nous faisons sur place une cure de coquillages et de ces poulpes ou calamars grillés qui font tes délices, Toto. Véritable cœur d'artichaut comme on peut l'être à 14 ans, Maël tombe amoureux d'une fille rencontrée dans le premier hôtel où nous séjournons ! La séparation se révèle si déchirante que nous décidons d'opérer un large détour, avant de quitter l'île, afin de dire au revoir à l'heureuse élue, sous l'œil attendri, mais critique de son grand frère.

L'été suivant, nous filons en Corse. Sauvage, magnifique, véritable joyau entre mer, montagne et continent, l'île de beauté nous séduit irrésistiblement. Au programme de ces semaines de pur dépaysement : bateau, plongée, contact permanent avec la nature. Ces vacances sont un véritable enchantement pour l'esprit comme pour le corps.

Pour Noël 1998, nouveau voyage avec François et Dolo, en Égypte cette fois. Lestés de nos sacs à dos, sans argent, nous débarquons tous les quatre sur la côte méditerranéenne pour plonger au milieu des poissons de la barrière de corail. Nous poursuivons le *road trip* par un raid dans le désert du Sinaï. Nous dormons sur le sable, crasseux au point de finir par nous laver à l'eau de javel. Nous nous délectons de ces moments de repos que nous passons allongés dans les cafés, à boire du thé à la menthe, sur des tapis et des coussins. Cela nous plaît tellement que nous reproduirons ce modèle égyptien dans nos salons respectifs. Si le jour de l'an s'avère un peu tristounet – sans alcool, sur une table au milieu de carcasses de viande pendantes –, il va alimenter les souvenirs que nous nous remémorerons à chaque retrouvaille !

En février 1999, nous nous envolons à destination de la Martinique retrouver Monika, la jeune femme de Pascal. Ton élève préféré du CNAM nous a proposé une maison de famille en location pour une somme symbolique : au programme plage, bateau et plongée. Le bonheur. Hélas, Pascal n'est pas avec nous, cloué à Paris. Boulot oblige. À partir de cette époque, nous ne nous séparerons plus, participant, malgré l'écart d'âge entre nous, à chacune des fêtes que Pascal ou ses camarades dont tu avais été le professeur organisent. Cette amitié, cette affection se reportent aussi sur nos fils, qui très jeunes ont appris à danser et s'amuser avec eux. Nos familles sont liées, encore des soutiens indéfectibles après ton décès !

L'été suivant, un périple s'organise dans les îles grecques du Dodécanèse : Rhodes, Simi et ses moulins à vent, Karpathos… Nous louons cette fois deux mobylettes afin de nous déplacer, Maël chevauche derrière toi, tandis que je m'accroche à Yann. Sur un chemin caillouteux et escarpé sur lequel il roule vite, j'ai tellement peur que je m'agrippe à lui tout en ne cessant de lui dire de ralentir. Il en est si exaspéré qu'il s'arrête d'un coup, descend de la mobylette et m'intime un « Ta gueule, maman ! » qui me laisse sans voix. Je ne dis plus un mot et je m'accroche jusqu'à l'arrivée de cette équipée que Yann résumera avec un joli sens de la formule : « Ce qui est bien avec maman, c'est que j'avais une ceinture de sécurité ».

Après quelques jours de déambulation à Rhodes et à Simi, nous revenons à Karpathos où nous avions découvert un paradis au bord de l'eau : Pine Tree et son propriétaire, Nikos, qui nous accueille à bras ouverts. Nous installons nos tentes dans sa pinède, près du bar-restaurant. En quelques jours, nous sommes chez nous. À tel point que nous mettons la main à la pâte dans tous les domaines : construction d'une douche extérieure, aide au service le jour d'un mariage, participation aux récoltes du potager et accompagnement de touristes dans les randonnées. Nous adorons Nikos, en particulier à cause de son mode de vie, type Alexandre le bienheureux : il dort sur un sommier suspendu à un arbre. Un modèle que Maël adopte illico : à peine revenu à Draveil, il en suspend un sous notre if, idéal pour les siestes dominicales au soleil…

Un matin pourtant, stupeur devant un distributeur, au moment de sortir des espèces : le plafond de retrait à l'étranger de nos deux cartes bleues est atteint. Pas terrible pour un administrateur de la Banque de France… Notre nouvel ami nous accorde un crédit-confiance. Plus question de le payer sur place, propose-t-il, nous lui adresserons le règlement par courrier une fois rentrés chez nous. Nous achevons ainsi nos vacances tranquillement. Comment se lasser des îles de la Grèce ? Nous retournerons à plusieurs reprises dans les Cyclades et à Santorin.

Je pourrais continuer à l'infini la liste de ces départs pour la France ou pour l'étranger. Les vacances dans le massif de l'Esterel durant lesquelles nous découvrons les sensations de la randonnée de montagne à deux, le plaisir de se rouler dans la neige d'altitude, le bonheur pur de se baigner dans un lac de couleur verte et de marcher parmi les chamois et les marmottes.

Ce séjour idyllique à Bali où je me plais tellement que j'hésite à en repartir et où je resterais sans doute s'il se déroulait aujourd'hui.

Ces virées à la voile dans le golfe du Morbihan, premières rencontres avec cette région qui va devenir bientôt la nôtre, et pour lesquelles je t'achèterai bientôt un bateau avec lequel tu nous entraîneras à toute allure de La Trinité à Belle-Île pour le plaisir d'y manger un plateau de fruits de mer.

Ces Noëls entre amis loin du froid, que ce soit en Tunisie, le pays d'origine de Martine, ma galeriste lyonnaise, qui nous y invite, ou à la Réunion, l'île où est né notre ami Willy.

Ces merveilleux voyages en Andalousie où je m'imprègne de l'architecture arabo-musulmane, ou à Marrakech, où je succombe au bleu cobalt de la villa Majorelle d'Yves Saint-Laurent tout en découvrant le tadelakt, un enduit à base d'argile, imperméable et résistant à l'épreuve du temps.

Ce voyage dont j'avais si longtemps rêvé au Tibet, que tu m'offres pour me reconquérir, puis, pour célébrer nos retrouvailles, ce luxueux safari en Tanzanie dans la savane de l'Afrique des Grands Lacs, avec, à notre service, chasseurs et serveurs en uniformes et gants blancs…

Que de moments magiques, échappées belles, parenthèses enchantées dans nos vies de fous…

Chapitre 7
Remous

Pour le jour de l'an 2000, qui rime avec le passage dans le troisième millénaire, nous programmons une énorme soirée avec les copains à la maison. Je décide d'un thème : se déguiser dans une tenue emblématique de sa décennie préférée, passée ou à venir – je serai seule à tenter d'imaginer un futur vestimentaire –. Afin que chacun s'investisse et se prépare à faire la fête, j'organise, un dimanche de novembre, une réunion de tous les convives destinée à répartir les tâches et à préparer au mieux ce changement de millénaire.

Vers 15 heures, avant que les amis ne commencent à arriver, tu me dis : « Je vais faire un tour à moto, vite fait ». Je sais quel est ton parcours préféré : vers la forêt de Fontainebleau en longeant la Seine et en passant devant les magnifiques propriétés de Seine-Port.

Je suis en pleins préparatifs quand le téléphone sonne. J'ai un coup au cœur en reconnaissant ta voix, toute chamboulée, au bout du fil. Tu as glissé sur des feuilles mortes en bord de talus, puis t'es écrasé sur la chaussée, propulsé par-dessus la moto. Je panique, mais tu tentes de me rassurer : « Je vais bien, les pompiers sont là ». J'ai à peine le temps de me convaincre que cela n'a pas l'air si grave que tu me rappelles déjà… pour me redire la même chose, dans les mêmes termes… Petit souci spatio-temporel : pas terrible, en termes de symptômes.

Heureusement, l'un de mes amis de lycée qui circulait là par hasard s'est arrêté derrière toi et t'a prêté son téléphone portable afin que tu puisses me joindre. Il te reprend le téléphone des mains et me rassure :

« Il a juste perdu connaissance quelques instants et voulait absolument te parler. Ne t'inquiète pas : les pompiers pensent qu'il n'a pas grand-chose et l'emmènent aux Urgences de l'hôpital d'Évry. »

Entre-temps, les amis sont arrivés à la maison, par petits groupes. On entame la réunion dans la bonne humeur, même si je précipite un peu le mouvement tant j'ai hâte de me libérer pour aller te retrouver. Ma capacité à scinder mon cerveau fonctionne à plein régime : d'un côté, j'organise tout avec mon efficacité coutumière, sans rien laisser paraître ; de l'autre, intérieurement, je m'inquiète, je suis détruite. Ainsi, pendant plusieurs heures, je ne souffle mot de la situation à quiconque, mais je m'éclipse régulièrement dans la cuisine afin de téléphoner au personnel médical qui m'informe que tu souffres de fractures aux mains, *a priori* rien de vraiment grave. Ce n'est que lorsque la liste des tâches est détaillée aux uns et aux autres que j'avoue, en pleurant, cet accident.

Nos amis sont sidérés et partent rapidement afin de me permettre de filer à ton chevet. Sur place, les soignants sont formels : juste une fracture. Quelle peur !

La fête du réveillon se tiendra bien, comme prévu, dans une belle ambiance : tu peux même y participer sans tes plâtres ! Cependant, tant que minuit n'a pas sonné, une certaine tension règne pour toi et tes collègues qui êtes d'astreinte : vous craignez, sans trop le montrer, le fameux « bug informatique de l'an 2000 » dont on redoute qu'il ne déstabilise tout le système économique mondial. Heureusement, il ne surviendra jamais, au grand soulagement des banques et entreprises du monde entier. À minuit, la pression retombe d'un coup : la fête peut enfin commencer et vous pouvez tous vous lâcher. Vous ne vous en priverez pas, toi le premier. Ce Nouvel An mémorable est célébré avec enthousiasme place Rouffy !

Il n'y a pas que le millénaire qui change, nos garçons et nos rapports avec eux aussi se transforment.

Yann et son ami Popo célèbrent leurs 20 ans, lors d'une grande « teuf » que nous lui offrons au CSOM, le centre où nous allions les week-ends de son enfance. Brillant depuis toujours dans ses études, il est entré en prépa maths à Fénelon après avoir décroché sans mal son bac S. Sans mal, mais pas sans péripéties un peu surréalistes : pendant une semaine complète durant son année de première, il choisit ainsi de se rendre discrètement en forêt écrire des poèmes plutôt qu'aller au lycée. Cela nous vaut une convocation, bientôt suivie d'une seconde lorsqu'il remet à sa professeure de physique un poème sur l'univers et les étoiles, au lieu du contrôle prévu : « Pour lui ouvrir les yeux ». Cela sera sans conséquence, ses professeurs, compréhensifs et bienveillants, nous disant : « Toujours en tête de classe, on craque un jour ! »

Quant à Maël, ce sont ses 18 ans qu'il fêtera en avril 2001.

Ce nouveau statut de presque adultes de nos fils est symbolisé lorsqu'ils deviennent les tontons de Mathis, le petit garçon de mon frère.

Pour eux comme pour nous cependant, la grande affaire du moment est ailleurs : depuis trois ans, Yann se prépare aux concours des grandes écoles qui ont lieu en juin. Il est persuadé que sa vocation réside dans la recherche et non dans l'entreprise. Il accepte de passer les concours des grandes écoles à une seule condition : obtenir Normale Sup. Il refuserait d'entrer à Polytechnique ou Centrale ! Je respecte son choix et j'y crois. Depuis leur petite enfance, j'ai seriné comme un leitmotiv à mes deux fils : « Tu veux ? Tu peux ! Tu le fais ! »

Je persiste.

Tu n'es pas de cet avis et tu me dis : « On verra bien sur le moment… » Manière de dire qu'il vaut mieux attendre pour que Yann change d'avis, car selon toi, il n'existe pas de meilleure orientation que Polytechnique, « qui permet de tout faire ensuite », surtout l'ENA, bien sûr… Tu le répètes à l'envi à nos fils et à tous nos amis depuis toujours.

Le mois précédent les examens, durant les week-ends, nous repérons les différents trajets pour nous rendre sur les lieux des concours, comme tout parent impliqué dans l'avenir de leur petiot.

C'est moi qui suis chargée de déposer Yann à celui de Normale Sup et de faire bonne figure, le ventre serré au point de ne pas pouvoir digérer le petit-déjeuner pris ensemble. Oui, les concours sont un investissement familial ; son amie Marie, qui va devenir sa femme, est également un soutien précieux toute cette année difficile, restant des heures assise à côté de lui tandis qu'il est penché sur ses livres.

Lorsque le courrier annonçant sa réussite arrive enfin, quelques semaines plus tard, même sauter de joie ne suffit pas à calmer notre bonheur et notre fierté ! Yann sera bien le chercheur en maths qu'il souhaitait devenir !

Mais ce succès tant espéré implique de le laisser prendre son envol. Et même si nous sommes heureux de ce résultat, son départ de la maison à la rentrée de septembre est un choc. C'est une perte que nous ressentons tous, toi particulièrement.

Il y a quelques mois encore, Yann était un enfant dont nous nous occupions tellement, que la prépa avait maintenu dans un état de dépendance totale vis-à-vis de nous et de Marie. D'un seul coup, il disparaît, lesté de sa valise, et s'installe dans un studio à l'école Normale Sup de Cachan. À ma grande surprise, il va assumer sans faille cette toute nouvelle indépendance, ne revenant jamais à la maison avec un sac de linge sale ni n'en repartant avec des provisions.

Bien sûr, il n'est pas loin, mais il n'est plus là, avec nous au quotidien. Cela nous perturbe beaucoup.

Notre aîné, quoi qu'il en soit, se réalise dans cette nouvelle vie et dans ses études qu'il mène avec brio. En 2004, il passe son agrégation de mathématiques, pendant sa scolarité à l'ENS. Puis il obtient son DEA en 2005, en travaillant au laboratoire de mathématiques de Chevaleret.

Du côté de Maël, la situation est plus compliquée. Depuis toujours, il entretient des rapports conflictuels avec l'école. Les matières qu'on y enseigne et surtout, la façon de le faire ne lui conviennent pas. Il déteste tout, rejette tout. Les seuls cours où il s'épanouit sont ceux dans lesquels les enseignants font de lui leur assistant…

Pour illustrer son rejet de l'école, il répète à qui veut l'entendre, non sans contradiction, qu'il vise le grand chelem : deux secondes, deux premières et deux terminales. Son grand projet ? Faire du cirque son métier. Il s'est d'ailleurs lancé avec passion dans une nouvelle activité : le jonglage. Cela nous désole, nous qui voulons à tout prix que nos fils aient au moins leur bac : ensuite, ils feront ce que bon leur semble.

Le grand chelem restera toutefois hors de portée pour Maël, car son année de première marque sa rupture avec le lycée public, et nous amène à prendre des décisions.

Au deuxième trimestre, d'autant plus inquiets pour lui que le départ de Yann n'a fait que renforcer son malaise, et ne sachant plus comment agir entre punitions, menaces et supplications pour qu'il s'implique dans l'objectif du bac, nous prenons conseil à l'École des parents du boulevard Voltaire, à Paris. Depuis le collège, où il avait été élu Conseiller général junior au sein de la commission Environnement, nous connaissions déjà les penchants de notre cadet pour les expériences citoyennes, son appétence pour toute activité sociale et ses qualités de leader, qu'il aura tant d'occasions par la suite de mettre en œuvre.

Nous découvrons ce qui nous avait échappé jusqu'alors : son haut potentiel, inexploité dans un système scolaire inadapté. Tout à coup, nous prenons conscience de sa souffrance depuis le début du primaire.

Notre discours pourtant ne bouge pas d'un iota : « Aucun de nos enfants ne quittera la maison sans son bac ! » Il s'agit pour nous de leur épargner ce que tu as vécu, cette adolescence si perturbée, cette voie si dure qui a été la tienne pour avoir dû abandonner trop tôt tes études, sans le moindre diplôme. Nous choisissons donc de l'envoyer dans une école privée spécialisée haut potentiel, l'IPECOM, pour qu'il y fasse sa première et sa terminale.

Ce changement ne modifie rien : Maël continue à être rétif aux études et ses résultats ne s'améliorent pas. D'autant plus qu'il subit coup sur coup deux chocs émotionnels violents : le père de Laure, sa petite amie du moment que nous aimons beaucoup, se suicide, bientôt suivi par la maman de Stéphanie, sa copine d'enfance. Déboussolées, les deux jeunes filles viennent régulièrement trouver refuge chez nous au point de quasiment faire partie de la famille. Aujourd'hui, je considère d'ailleurs Stéphanie comme ma fille adoptive.

Le départ de Yann et le mal-être de Maël nous minent, toi particulièrement Toto. À mon grand étonnement, je te vois tomber en dépression. Étais-tu donc un papa poule habilement déguisé en *working class hero* ? Et pourtant, depuis leur jeune enfance, tu me répètes : « Élever des enfants, ce sont des racines et des ailes ». Formule que j'apprécie tant que je mets en permanence tout en œuvre pour leur créer des ailes solides, leur apprenant à être autonomes dans tous les actes de la vie quotidienne, tout en sachant que, pour les racines, tu as fait tout le boulot !

Tandis que Yann prend sa vie en mains sans nous, nous décidons de frapper fort pour forcer Maël à sortir du marasme dans lequel il s'enfonce. Après de courtes vacances à Belle-Île, nous prenons donc le taureau par les cornes et l'inscrivons à l'école des Roches, un établissement privé situé en Normandie, aussi strict qu'onéreux, mais d'excellente renommée. Le directeur nous reçoit et se veut rassurant : outre les études, les pensionnaires, nous explique-t-il, sont pris en charge, en maisonnées, par un professeur et sa famille qu'ils assistent en s'occupant des enfants les plus jeunes.

Sans alternative ni droit à l'erreur, et au prix de l'effort, énorme, que représente cette dépense pour nous, nous prenons le pari que cette discipline de fer te sera bénéfique. Pourtant, je ne le fais pas de gaieté de cœur tant les enfants et les adolescents que j'ai croisés, des fils et filles d'acteurs, de *people*, de grands patrons… m'ont fait l'effet d'enfants abandonnés, relégués là par des parents n'ayant pas le temps de s'occuper d'eux. Maël n'est pas dans cette situation, bien au contraire : nous passons tant de temps à nous soucier de son bien-être et à tenter de l'aider… Malgré tout, Maël dit encore aujourd'hui qu'il était incapable de s'intéresser aux études depuis que nous lui avions refusé son choix de faire une école de cirque, à 12 ans. Et que son comportement passionné compulsif sur tout ce qu'il aimait ne lui permettait d'apprendre que dans le plaisir et la fête, ce qui était bien sûr incompréhensible et intolérable à Jean-Claude.

Ce coup de poker, celui de la dernière chance, se révélera pourtant payant. Entre les mains du professeur de sport, le référent que lui a désigné le directeur à notre grand étonnement, notre fils va souffrir, mais aussi grandir. Poussé jusqu'à ses limites par des exercices physiques permanents et éloigné de nous, il va acquérir cette confiance en lui dont il était jusqu'alors si dépourvu. Au terme de cette année d'efforts et de larmes, il obtient ce bac S tant espéré par nous.

Nous voulons croire que cette victoire va lui donner enfin l'élan pour aller de l'avant et pour trouver sa voie. Connaissant son tempérament d'artiste, son sens inné de l'organisation et son goût pour les aventures collectives, je lui suggère de s'inscrire à l'école d'architecture de Nantes, qui propose alors un DEA de scénographie dont je suis persuadée qu'il lui conviendrait à merveille. Il préfère rester à Paris et suivre les cours de l'école nationale d'architecture Paris-Malaquais, réalisant un de mes rêves : étudier aux Beaux-Arts !

Le rêve pourtant, pour lui, tourne vite au cauchemar. Montrant un désintérêt pour la discipline de la construction, bien plus investi dans sa première compagnie de rue, *Les Troubles têtes*, il choisit d'abandonner dès le mois de mars 2004. Il enchaîne alors les petits boulots : le voilà animateur périscolaire à Évry, employé d'un hôtel Ibis, homme de ménage dans un Club Méd des Alpes… C'est peu dire que cela provoque ta fureur, Toto, tant tu trouves que notre fils gâche ses chances. Radical, tu te désintéresses de son sort, au moment pourtant où il décide d'assumer son choix de vie, avec sa troupe. Tu acceptes pourtant de lui verser 500 euros par mois pour l'aider à se nourrir, tandis que je choisis de continuer, bien au-delà de ton autorisation, à lui donner de l'argent en cachette.

L'absence de Maël m'est trop douloureuse et me plonge à mon tour dans la dépression. C'est bien simple : je ne supporte pas cet éloignement, cette rupture tant j'ai toujours eu l'impression qu'avec lui, grâce à sa manière de toujours s'occuper de moi, de nous, rien ne pouvait m'arriver.

Alors je m'acharne à maintenir le contact. En cachette, je règle les amendes qu'il accumule auprès de la SNCF, puisqu'il refuse de payer les billets de ses innombrables déplacements… Je fais à plusieurs reprises l'aller-retour dans la journée pour Grenoble, où il s'est installé en septembre, afin de remplir son frigo et ses placards.

Cette situation me rend terriblement triste, même si Maël semble trouver ses marques dans cette ville. Il rencontre Laurie et s'installe avec elle ; elle l'aide à poursuivre son rêve avec l'IGTS (Institut général des techniques du spectacle), son premier diplôme de régie son-lumière. En parallèle, il intègre une compagnie d'art de la rue, *Tout en Vrac*, en se finançant par un job de sauts à l'élastique dans une boîte de sport.

Il semble avoir trouvé un équilibre avec Laurie et le chaos de son adolescence paraît enfin s'apaiser. Cela te rassure sans doute.

Quelques années plus tard, installé à Lyon avec Camille, son amie du moment, Maël nous témoignera sa reconnaissance de manière émouvante. Malgré ses moyens très limités, il nous invite au restaurant et, à la fin du repas, nous remercie de l'avoir placé à l'école des Roches, où il partait pourtant en pleurant chaque dimanche : « Grâce à ce bac S, je peux maintenant m'inscrire dans toutes les écoles qui m'intéressent ». Cette déclaration, qui confirme que nous avons fait le bon choix, nous surprend autant qu'elle nous touche. Aujourd'hui encore, Maël est inscrit au bureau des élèves et reste en contact avec beaucoup de copains rencontrés pendant ces douze mois qui l'ont tant marqué.

Toute cette année 2000, je me suis investie en faveur de la vie artistique dans notre ville, via l'association Gebo'Art, pour organiser des expositions d'art contemporain dans le château de Villiers. Mais aussi – et beaucoup plus – dans la peinture, sous la férule de mon ami artiste peintre, Ben Ami Koller, qui organise des stages aux Houlaies, dans la Sarthe, chez notre amie commune, Sophie Arthus-Bertrand, grande amatrice d'art. J'y passe une semaine merveilleuse fin août, transportée par le lieu, le soutien des amis présents et le travail intense qui me permet de progresser. (Photo 17)

Ce stage me donne surtout l'opportunité de me reconnecter à cette passion complètement abandonnée depuis six ans, depuis la création de mon agence d'architecte et le travail dingue qui en a découlé, cet enchaînement sans fin de journées de douze à quinze heures de travail, à dessiner certes en partie, mais seulement des plans, des perspectives… Toutes ces années, je ne me suis pas rendu compte que ma part de créativité et d'imagination peu à peu était anesthésiée, que je n'étais plus qu'un inlassable robot alignant les tâches de façon mécanique. Me voilà prête à entamer le chemin inverse : pour renouer vraiment avec la peinture, je délaisse en partie mon agence…

C'est à ce moment où j'ai l'impression de me retrouver qu'une crise inattendue fait vaciller notre couple. Je l'ignore encore, mais depuis la dernière AG de Gebo'Art en 2001, tu entretiens une liaison avec la nouvelle secrétaire de l'association, Brigitte G. Je la considère alors comme une amie, et nous entretenons les meilleures relations avec elle et son mari, Gilles. Elle est élégante, charmeuse, attirée par les belles choses et les hommes de pouvoir. Ce n'est pas par hasard qu'elle s'imposera, à force d'entregent, comme adjointe à la Culture du maire de Draveil, Georges Tron, devenant sa confidente puis sa co-inculpée dans une sordide affaire de mœurs qui défraiera la chronique judiciaire des années durant : en février 2021, elle sera d'ailleurs condamnée en appel à deux ans de prison avec sursis.

Cette histoire aurait pu être, comme d'autres, sans importance : nous n'avons jamais été ni permissifs ni exclusifs dans notre couple vis-à-vis d'aventures que l'autre pourrait avoir et, je l'ai déjà dit, notre parcours a été jalonné de tendres rencontres avec des modèles, des « passeurs » qui nous aidaient à évoluer.

Celle-ci est différente. J'en prends conscience le jour où je te vois te planter devant moi puis m'annoncer, de but en blanc, que tu pars t'installer avec cette femme. Je suis totalement incrédule, éberluée par cette annonce incongrue.

Mon premier réflexe, irrationnel, consiste à éclater de rire. Tout cela me paraît tellement ridicule ! Pas avec elle ! Pas avec cette Brigitte dont je connais le passé de séductrice impénitente, ce passé qui lui vaut aujourd'hui le surnom de La Pompadour dans tout Draveil ! Je n'arrive pas à prendre cela au sérieux, alors je ris, et ce rire, je le remarque, te vexe. Alors tu tournes les talons et disparais vraiment. Mon rire s'arrête d'un coup. Je m'effondre. Il faut que Maël et quelques amis se précipitent afin de me remonter le moral et d'éviter un drame.

Cette catastrophe se produit alors que la maison se trouve en travaux et qu'il faut s'occuper de l'imposant et coûteux chantier de réfection de la toiture. Alors, comme je l'avais fait lors de ton accident de moto, je dissocie l'action et l'affect : je laisse passer la vague émotionnelle, je la cloisonne dans un coin de mon cœur tandis que mon cerveau raisonne de façon radicale, impitoyable et juste, sans sentimentalisme.

Je suis certaine que ce n'est qu'une passade, qu'une tocade, que tu vas vite te lasser de « la Grugru », de sa superficialité et de son manque de culture. Pour accélérer ce retour que je sais inéluctable, je décide de frapper vite, fort et là où ça fait mal : je te coupe les vivres !

Je commence par prélever sur nos comptes d'épargne communs les 100 000 francs nécessaires au financement de la nouvelle couverture de la villa. Ensuite, j'annule tes procurations sur tous mes comptes personnels et, grâce à mes propres procurations, je vide les tiens. Je suis persuadée que « la Grugru » n'aimera pas longtemps ce régime sec qui va vite la priver de ses hôtels et restaurants étoilés habituels…

Du strict point de vue de la confiance, on peut parler de rupture entre nous. Irréparable. D'ailleurs, jamais par la suite, je ne te redonnerai de procuration sur mes comptes.

Il me faudra quelques mois pour commencer à relativiser la situation, en voyant dans cet épisode pénible la conséquence de ta dépression après le départ de Nanou. Il n'empêche : ce lâchage me reste en travers de la gorge, la pilule, décidément, ne passe pas. Je ne supporte pas de faire vivre à mes garçons ce dont j'ai souffert au même âge.

Ton escapade dure deux mois, guère plus. Mais il te faudra transiter, un temps, par la chambre d'amis d'un couple de proches avant de pouvoir reposer ta valise à la maison. Durant cette période, irrespirable, on ne se croisera qu'auprès de Yann, à Normale Sup, lors de nos visites.

Je m'astreins à cacher la situation à tout le monde dans la ville comme parmi les professionnels du bâtiment avec lesquels je travaille. Ne surtout pas faire de vagues, ne pas donner prise à la rumeur. Et puis je sais que si personne n'est au courant, ton retour à la maison sera plus simple pour toi comme pour moi. Seuls nos fils connaissent, bien sûr, les détails de cette histoire, mais ils ont reçu des consignes de silence et les respecteront à la lettre. Ainsi, petit à petit, tu peux revenir chez nous puis finir par t'y réinstaller. (Photo18)

*****

2002 est une année faste et excitante pour moi, entre déplacements professionnels prestigieux et activités génératrices de sensations extrêmes.

D'abord destination Washington, où je représente la Banque de France lors d'une convention internationale organisée dans la capitale fédérale américaine. Il faut croire que mon anglais s'améliore, car je parviens à me faire comprendre sans difficulté particulière. À l'évidence, mes longs efforts ont fini par payer.

Au moment de rentrer à Paris, une autre bonne surprise m'attend à l'aéroport : l'avion de ligne qui devait me ramener en France est complet. *Surbooking*. La compagnie me propose, en guise de lot de consolation, un vol surclassé sur Concorde. Mon rêve de gosse ! J'accepte avec empressement. Je m'en féliciterai d'autant plus en apprenant la fin de la carrière commerciale du fleuron mythique de l'aéronautique française, un an plus tard.

Quelques semaines s'écoulent et, au mois de novembre, me voilà missionné auprès de la Banque centrale d'Écosse. Je dois me rendre à plusieurs reprises dans ce pays sauvage et magnifique. J'y découvre les clans, le port du kilt, dont j'apprécie plutôt le confort si particulier, mais surtout les whiskies Islay de grande tradition dont je deviens un véritable amateur au point de les collectionner et d'en accumuler une quarantaine de bouteilles différentes dans ma cave, que je me fais un devoir de faire goûter à nos amis à la fin des dîners.

À l'occasion de mon demi-siècle en mars 2003 – un âge que certains vieux whiskies atteignent –, tu inities un nouveau concept plutôt sympa : réunir cinquante amis pour fêter mes 50 ans. J'apprécie d'autant plus l'attention que tu m'offres, en guise de cadeau, une PAC, une progression assistée en chute libre, stage initiatique de parachute, sous la férule de pros confirmés. Tu voulais me faire plaisir, mais tu marques là un sacré but contre ton camp, Pascale !

En effet, à peine ai-je débuté cette activité extrême, me voilà shooté à l'adrénaline et à l'endorphine, au point de devenir accro en une poignée de semaines. Tous les week-ends désormais, je pars sauter. Partageur de nature, je prends rapidement l'habitude d'y emmener des proches et leurs enfants effectuer des sauts en tandem. Maël fait ainsi son saut d'initiation, avec sa compagne Laurie, en ma compagnie en 2004 : notre cadet trépigne d'excitation au terme de cette expérience, immédiatement prêt à tenter un nouveau saut.

Tu profites de mes escapades à haute dose d'adrénaline à Brienne-le-Château pour organiser des week-ends thématiques dans les environs avec les amis de la Banque de France, comme celui au cours duquel nous visitons les anciennes fonderies de la vallée de la Blaise où se trouve le château de Voltaire.

Non content de me rendre à l'aérodrome situé à près de 200 km de Draveil, en faisant des pointes à 200 à l'heure sur la grosse cylindrée que je conduis depuis que tu m'as offert le permis moto pour mes 45 ans, j'enchaîne illico avec ces sauts dans le vide. Je m'étourdis de ces émotions fortes. Je ne me sens aucune limite. (Photo 19)

J'ai bien conscience pourtant de te laisser tétanisée à l'idée que je puisse me rompre les os. Voire pire. Tous nos amis partagent tes appréhensions. Les moniteurs, de vrais passionnés, sont en revanche au moins aussi fondus que moi. Je sais que tu soupçonnes certains d'entre eux d'évoluer sous coke lorsqu'ils se livrent à d'improbables acrobaties où toute erreur d'appréciation, si minime soit-elle, peut laisser quelqu'un tétraplégique à vie.

Je comprends que ce soit trop pour toi et que tu finisses par renoncer à m'accompagner à Brienne où il m'arrive d'effectuer parfois sept sauts dans la même journée, au terme de semaines de boulot harassantes, puis de rentrer à toute allure sur l'autoroute, au mépris des risques encourus. Je comprends, mais ne me lasse pas de cette ambiance de compète tout à fait débridée, où l'on se tire la bourre en permanence. Je m'arrange à plusieurs reprises pour pouvoir sauter avec les gendarmes d'élite du GIGN, venus s'entraîner sur place. Le kif total !

*****

En 2003, une excellente nouvelle professionnelle vient conclure ces années agitées sur tant de plans : j'obtiens pour mon agence la certification ISO 9000, qui confirme à mes clients l'exigence de qualité de mon travail que je souhaite leur fournir et la certification environnementale 14001.

Cette reconnaissance est le fruit d'un long processus entamé dès 1997.

Cette année-là, j'ai suivi une formation sur le ravalement, organisée par le Conseil de l'ordre des architectes et dirigée par François Virollaud, considéré comme le pape dans ce domaine. J'y ai fait la connaissance de Willy, un confrère officiant au PACT ARIM, l'organisme public qui conseille et finance la réhabilitation des logements. Heureux hasard, Willy habite aussi Draveil.

Nous nous entraidons durant de longs mois avant de devenir de vrais amis. Plusieurs de nos connaissances créent au même moment la

Compagnie des architectes de copropriétés, dont je deviens adhérente : j'en resterai membre jusqu'à la fin de mes activités dans la branche.

Fidèle à mon habitude, j'y sympathise avec nombre d'architectes désireux, tout comme moi, de démarrer, en 2001, une formation qualité afin d'obtenir les fameuses certifications, une démarche dans l'air du temps de l'époque. L'originalité de la nôtre, qui consiste à postuler en groupe en réunissant cinq agences, est donc couronnée de succès en 2003 : nous voilà, tous ensemble, certifiés 9001 pour la qualité, 14001 pour l'environnement.

L'effet bénéfique sur mon chiffre d'affaires est immédiat : en un an à peine, 50 % de gains sur chacun de mes postes de production, avec l'utilisation des nouveaux documents types qui organisent efficacement chaque étape de réalisation de nos contrats.

Je trouve ma place au sein de la Compagnie des architectes où je suis, au tout début, l'unique femme à siéger. Mon hyper organisation m'attire le respect de mes pairs, on apprécie mes interventions et ma vision du métier. Quant à mes préconisations sur la gestion du temps, à laquelle tu m'as initiée, elles contribuent largement à ma popularité croissante dans ce cénacle. J'ai en effet proposé de consacrer un de nos habituels week-ends de conférences à cette question. En préparant mon intervention, je me prends littéralement de passion pour ce sujet. Cela doit se sentir, car les retours de mes confrères sont si dithyrambiques que cela me met mal à l'aise et réveille en moi un certain sentiment d'imposture tant je suis lucide sur mes manques.

C'est peu dire que je n'aime pas ce statut de « diva du ravalement et de l'isolation thermique » qui me poursuit.

*****

Le constat s'impose : si les années précédentes ont été rudes pour nous sur de nombreux plans, l'année 2004 se révèle douce et réparatrice. Comme tu as récemment été chargée du chantier de la capitainerie du port et du hangar à bateaux de la Base régionale de loisirs proche de chez nous, tu y sympathises avec Cyril, le capitaine de ce lieu connu sous le nom de Port aux Cerises. C'est lui qui, un jour, en te proposant de prendre part à une régate, va influer sans le savoir sur notre avenir.

Depuis quelques années, Draveil, grâce à son port sur la Seine, participe à une régate des ports de plaisance. Cyril dirige l'équipe de la ville et c'est parce qu'il lui manque un équipier et que tu lui as fait miroiter ma réputation – méritée ? – de sportif qu'il te glisse cette idée : et si je me joignais à eux pour cette virée dans le golfe du Morbihan ?

Emballée, tu l'invites à venir boire un verre à la maison afin de me vendre l'idée. Comme tu en étais sûre, je m'exclame : « Je vais pas me traîner la bite sous des voiles alors que je fais de la moto et des sauts en parachute à 300 km/h ! ». Pourtant, Cyril sait vaincre mes réticences et j'accepte d'embarquer pour cette aventure, sans soupçonner qu'elle va constituer une nouvelle révélation et la navigation devenir un hobby aussi dévorant que les nombreux autres. (Photo 20)

La régate est un délice pour nous deux. Dans la journée, le golfe du Morbihan et sa beauté pastel nous saisissent aux tripes tandis que, du pont du bateau, nous en prenons plein les yeux. Le soir, nous dînons sous de grandes tentes où ça chante, ça gueule et ça chambre à qui mieux mieux. Nous voilà amoureux de la contrée où l'on rêve de venir s'installer.

À peine rentrés, tu ouvres un classeur « recherche de maison » et commence à contacter les agences et répertorier les annonces. Sans la moindre idée des prix dans la région, nous cherchons sur le bord de mer. Après trois mois de recherches infructueuses où nous constatons que rien ne correspond à notre budget, nous mettons ce projet en *stand-by* : nous ne le reprendrons que trois ans plus tard.

Ayant renoncé à acheter dans le golfe, nous lançons début 2004 les travaux d'extension de la maison côté séjour et garage-atelier de peinture : cela va vite puisque tu optes pour une ossature bois, ton grand dada dans la construction.

Quand Cyril et Xavier, son copain skipper, nous proposent de repartir avec eux, en mars, c'est un oui unanime, franc et massif. À nous le golfe du Morbihan, Lorient, les Glénans, Belle-Île, Houat et autres merveilles alentour… Sauf que le climat, à cette période de l'année, n'a rien à voir avec celui de l'automne précédent qui nous a tant enchantés. Certes, les journées sont lumineuses à souhait, mais on y grelotte aussi plus souvent. Surtout en pleine mer et sous la pluie. Qu'importe ! Il y a quelque chose de magique lorsque, du côté des Glénans, des dauphins viennent se frotter à la coque en poussant des petits cris afin de signifier leur envie de jouer avec nous.

*****

Les voiliers n'en finissent pas de tenir une place primordiale dans nos vies durant cette période. Un ami, dirigeant d'une société de ravalement avec laquelle, en tant qu'architecte, j'apprécie de travailler, Bernard Tourret, me propose de partir avec lui et un groupe de ses clients sur un trois-mâts mythique, La Recouvrance, jusqu'en Angleterre, pour un aller-retour sur un week-end. L'expérience me séduit au plus haut point.

Je lui suggère donc d'organiser une balade en mer avec mes confrères de la Compagnie des architectes de copropriétés : il signe des deux mains. Je concocte donc un nouveau week-end sur la Recouvrance pour mes collègues. Au programme, une partie professionnelle avec la visite des ardoisières d'Angers, et une partie amicale sous forme de croisière. Comme plusieurs des autres conjoints, tu es de la partie, car je veux absolument que tu voies cette magnifique goélette.

Nombre de nos amis apprécieront l'accueil de Bernard et sa générosité, aussi cordiale que commerciale.

Parmi eux, il y a Daniel, un confrère avec qui j'ai passé la certification ISO 9000. Sur le bateau, il exécute des croquis en un tournemain sur son carnet, avec une adresse qui me bluffe d'autant plus qu'il est gaucher. Une gestuelle si particulière que j'affectionne depuis l'enfance, lorsque j'aimais tant observer Claude Garnier. « Une attraction irrésistible », comme je le reconnaîtrai plus tard, me pousse vers cet homme, dirigeant une agence d'architecture comme moi. Pendant la navigation, nous dessinons ensemble, dans une sorte de jeu : moi à l'imagination, lui à l'exécution. Une expérience étonnante de complicité. Toutes ces activités communes nous rapprochent de plus en plus.

Bientôt, nous entamons une histoire tellement enivrante et puissante qu'il nous est difficile d'y mettre fin, malgré le risque pour nos couples respectifs et nos deux entreprises. Mais la raison fondamentale du renoncement à construire un avenir ensemble sera qu'au fond de nous, nous étions fidèles à notre passé et qu'aucun ne souhaitait véritablement quitter son conjoint.

Cette décision n'empêche pas notre liaison de se poursuivre bien plus longtemps que tu ne t'en douteras, Jean-Claude.

Car bien sûr, tu as deviné. À peine as-tu perçu le danger que tu me lances, avec une certaine emphase : « Pascale, c'est le mec qu'il te faut. Bien davantage que moi. » Mais cet enthousiasme résigné de façade ne t'empêche nullement de te battre comme un chiffonnier pour que cela n'arrive surtout pas. Tu y mets le prix : un séjour magique au Tibet (Photo 21) dont je rêvais depuis ma petite enfance puis un autre, luxueux, en Tanzanie…

En apprenant cela, Daniel, vaincu et admiratif, me dira : « Il est fort ce Jean-Claude… »

Chapitre 8
Ascension, dissensions

L'année 2007 démarre en mode vraiment cool après les embardées récentes. D'abord par une semaine de vacances à Djerba, en février, arrachée de haute lutte, où pour la première fois sans doute de notre vie, nous sommes trop épuisés pour faire quoi que ce soit, à part buller sur des transats ! Tu rejoins ensuite Ben Ami Koller aux Houlaies pour une résidence d'artistes en mai-juin.

Pour ma part, le placard doré dans lequel on m'a relégué en 2006, en me nommant chargé de mission auprès de la direction des opérations de marchés, a au moins un avantage : il me permet de disposer enfin d'une denrée rare, le temps. Par conséquent, je me fais plaisir en m'abonnant aux amis du Louvre afin d'écumer les allées du musée, voisin de mes bureaux, lorsque j'ai envie de m'échapper dans la journée. Quelle sensation inédite de liberté !

J'en profite également pour pratiquer le yoga au Centre Ventadour de la Banque de France. Cette discipline, tout en introspection, me fait un bien fou. Elle me procure détente musculaire et sérénité mentale, grâce aux étirements et à la respiration contrôlée. Je sais qu'il faudrait m'y adonner chaque jour pour me sentir vraiment au mieux.

Ces exercices se révèlent d'autant plus précieux que je profite de ce temps libéré pour m'impliquer dans la présidence du Centre des professions financières, mais aussi, et ce n'est pas sans ironie, pour me consacrer à l'écriture d'articles d'analyse politique, précieux pour les cadres de l'OCI.

Pourtant, j'ai beau faire bonne figure, cette mise à l'écart m'affecte profondément. Je me sens rejeté par l'institution dans laquelle je me suis tant engagé. Alors en juillet, je sollicite un bilan de compétences pour m'aider à réfléchir aux raisons de ce blocage, et élaborer une stratégie pour en sortir. J'y analyse objectivement mes défauts, mes qualités ainsi que les situations que j'ai vécues, depuis mon premier job sous les pistes d'aéroport.

Ce sera un tremplin pour les deux années suivantes, et même bien au-delà. Pour l'instant, je réalise surtout, sans en être vraiment surpris, qu'il n'y a pas de carrière possible pour des hommes au parcours aussi atypique que le mien au sein de l'institution Banque de France.

*****

Aux beaux jours, de retour dans le Morbihan, nous louons un voilier avec skipper, pour une semaine de navigation. Yann, Marie et Maël nous accompagnent, car nous sommes déterminés à partager avec eux cette nouvelle passion : direction Belle-Île, Lorient, les Glénans. (Photo 22)

La semaine précédant cette escapade maritime, nous reprenons la recherche immobilière d'une maison de vacances familiale interrompue quelques années plus tôt. Pour cela, nous nous installons dans une chambre d'hôtel à Auray, pour écumer les agences immobilières, chaque jour, de 9 h le matin jusqu'à leur fermeture, tout au long de la semaine.

Le dernier jour de ces visites décevantes, je m'attarde devant une photo dans l'agence d'un copain qui pratique, lui aussi, la moto et le saut en parachute. Il s'agit d'une propriété située en pleine campagne, toute en granit, posée au milieu des vaches, dans un lieu-dit nommé Kerdrecan. Je commence à interroger notre ami lorsqu'il me répond, catégorique : « Ce n'est pas pour vous, c'est la cambrousse ! »

Erreur : nous rêvons exactement de ce genre de bien. Notre impression se confirme dès l'arrivée sur place pour une visite des lieux.

La voiture à peine arrêtée devant le haut mur qui encadre le portail, coup de foudre pour les pierres sculptées et le trio de bâtiments regroupés autour de la cour pavée. Le propriétaire, ravi, nous conte la genèse de la longère, restaurée par ses soins, et de ces trois constructions nichées dans l'écrin de verdure d'un grand terrain arboré bordé par un ruisseau et où pépient à qui mieux mieux les oiseaux. Je pressens tout de suite la destination de ces divers espaces : la longère pour nous, la dépendance sur deux étages pour y loger les enfants et les amis, le petit bâtiment de pierre idéal pour mon atelier, le parc à aménager en zones de jeux et de repos pour nous et les enfants…

Au terme de notre semaine familiale en mer, nous revenons signer la promesse de vente. Nous avons le sentiment d'avoir – enfin ! – trouvé la base parfaite, indispensable pour équilibrer nos vies.

L'achat est finalisé à Noël. Pas question d'attendre davantage avant d'emménager, en quatrième vitesse, histoire de pouvoir recevoir la famille, au grand complet, pendant les fêtes de fin d'année et célébrer ensemble cet heureux événement.

Yann et Marie restent avec nous après le réveillon. Ils nous annoncent leur intention de se marier, ici même, à Kerdrecan, au mois de juillet suivant. Ce n'était pas prévu. D'abord enthousiasmés par la bonne nouvelle, nous nous mettons vite à grimacer devant le boulot de dingues qui nous attend si l'on souhaite doter la maison des capacités nécessaires à l'organisation et l'accueil des noces. Une folie !

Six mois à travailler d'arrache-pied pour tenir les échéances. Ainsi, cette maison qui devait nous permettre de nous détendre, de décompresser dans nos vies si chargées se transforme illico en fardeau : nos si précieux week-ends sont consacrés aux innombrables travaux indispensables pour pouvoir recevoir les invités de notre fils et de sa future épouse. Et lorsque le mois de juillet arrive, si un minimum est fait, tout n'est pas terminé, loin de là.

Qu'importe. Le mariage a lieu. Les enfants ont réuni leurs amis, la famille de Marie est là au grand complet – sauf son papa –, ma chère Pascale, son compagnon et son fils, mon frère et mes parents aussi sont là. Il n'y a que toi Jean-Claude qui n'a pas de famille, ta maman atteinte d'Alzheimer étant placée en maison de retraite. J'en suis attristée pour toi, car je sais que tu en souffres. J'aurais dû insister pour que tu invites des amis proches, toi qui rêves de grandes tablées familiales et amicales.

Le chantier breton à peine terminé, un autre s'ouvre dès la rentrée, à Draveil cette fois, où je décide l'extension de mon agence afin de rendre possibles les nouvelles embauches auxquelles je dois procéder.

Malgré ton opposition et tes conseils insistants visant à me faire prendre des bureaux dans la ville ou à Évry, je refuse. Il est hors de question pour moi de quitter la place Rouffy : je veux pouvoir continuer à profiter de la proximité immédiate de la maison, qui me donne une grande autonomie dans l'organisation de mon emploi du temps si serré. Seule solution pour cela : l'agrandissement du bâtiment qui abrite déjà l'agence.

*****

Je mesure chaque jour un peu plus l'impasse professionnelle dans laquelle je me trouve à la Banque de France. Alors je m'immerge dans la psychanalyse, en marge de nos week-ends, bimensuels désormais à Kerdrecan. La nouvelle tranche que je mène depuis 2003, à titre personnel, avec Jacqueline Ferré, incite ma thérapeute à me proposer une phase didactique. J'accepte.

Au terme de trois années de formation intensive dans l'Institut de psychanalyse active, je rends un mémoire. En 2006, je franchis le pas et commence à recevoir des patients dans un cabinet que je partage avec des confrères, à Paris.

Le Conseil supérieur de psychanalyse active, sis rue Lafayette, a été créé, en 1981, par deux fervents adeptes de Jung, Nicolas Cugnot et Ferré elle-même. Sous la houlette de celle-ci, je façonne avec application mes compétences dans cette discipline toujours plus essentielle, par ailleurs, à l'équilibre de notre couple. Soigner, puis guérir les âmes d'autrui, après avoir réhabilité les nôtres : une nouvelle fois, sur un nouveau mode, je m'investis dans une mission pour aider les autres.

(Photo 23)

*****

J'observe cette semi-reconversion d'un œil plus que bienveillant, d'autant que tu lances l'idée de séjourner plus souvent, plus longtemps, à Kerdrecan, en exerçant ta nouvelle activité sur place à temps partiel. Je tente donc d'accélérer ce changement en cherchant un local pouvant convenir à un cabinet de psychanalyse et où tu pourrais t'installer. J'en trouve un qui me semble parfaitement correspondre aux besoins de ce type d'activité, rue du Château, à Auray, c'est-à-dire à quelques minutes, en voiture, de notre maison. Je me fais forte de l'aménager en deux temps, trois mouvements. Mais voilà que tu tergiverses, atermoies et, finalement, déclines ma proposition : « Je m'ennuierais ici, je ne peux pas quitter Paris. »

Accablée, je comprends à ce moment-là ton habitude de réfléchir tout haut en émettant des hypothèses présentées comme des réalités sur lesquelles je fonce tête baissée. Ce n'est pas la première fois que je me fais prendre à ce piège dont tu n'es pas conscient : c'est pour y réfléchir que tu lances en l'air ces conjectures que je prends pour des certitudes. Dans le cas présent, j'en suis d'autant plus déçue que cette offre était idéale pour espérer démarrer ensemble une nouvelle vie à mi-temps, à Kerdrecan, à laquelle j'aspire déjà à ce moment-là et qui ne viendra jamais. Cela m'attriste, mais que puis-je faire si tu refuses de suivre ta propre raison ?

L'ironie de cette histoire surviendra quelques mois plus tard lorsque nos amis Didier et Gilles, gérants de Vent de Soleil, notre librairie préférée située à deux pas de ce cabinet potentiel, nous apprennent qu'un psychanalyste vient de s'y installer !

Un événement favorable interrompt heureusement mes cogitations. Yann présente sa thèse de doctorat en juin 2008, devant une assemblée de mathématiciens, avec son brio et sa modestie habituels : « Des catégories triangulées aux algèbres amassés » –, titre bien poétique, mais hélas, totalement incompréhensible pour nous… seule une poignée parmi les spectateurs comprendra la teneur de ses démonstrations, quant à nous ni le vocabulaire, ni l'écriture même ne sont à notre portée !

Dans la foulée, en 2009, il obtient son premier poste dans un laboratoire de recherche à Leeds. Marie et lui s'installent donc en Angleterre, tout près de l'université dont dépend ledit labo. Nous y passons quelques jours de vacances, à leurs côtés, pendant l'été et nous y retournerons à plusieurs reprises, agréables respirations dans nos vies plus chahutées que jamais.

Comme une bonne nouvelle n'arrive jamais seule, paraît-il, Maël pose finalement son sac de routard à Marseille, dans la Cité des arts de la rue, en entrant à la FAI-AR, l'école de formation supérieure d'art en espace public, au mois d'octobre de la même année. Ce n'est que la troisième promotion de cette jeune école qui a pourtant déjà une formidable réputation dans sa spécialité, l'équivalent de la Comédie française pour le théâtre ou du Fresnoy pour les arts vidéo. L'entrée de Maël dans ce cénacle restreint, qui ne compte qu'une douzaine d'élus chaque vingt-deux mois, est la consécration de son parcours de touche-à-tout qui, à son âge, a acquis tant d'expérience dans tant de domaines.

C'est une évidence : après tous ses tâtonnements, il a trouvé à la FAI-AR le cadre qui lui manquait pour faire éclore son talent. Nous sommes scotchés par sa réussite. (Photo 24)

Bien sûr, nous avions vu ses spectacles, son travail avec ses différentes troupes, et il nous avait souvent épatés, mais nous n'aurions jamais pensé qu'il atteindrait ainsi l'élite de sa discipline artistique. Or il y a trouvé naturellement sa place, démontrant l'ampleur de ses compétences et de ses capacités, révélant ses prédispositions pour ce métier de régisseur qu'il exercera plus tard.

Nous sommes tous si heureux de sa réussite, si heureux de son épanouissement, si heureux qu'il ait trouvé sa voie !

En mars 2011, nous assistons à la remise de son diplôme. En compagnie de Yann et Marie, revenus s'installer en France, nous passons pour cette occasion quatre jours en famille dans la cité phocéenne, ce qui nous permet d'assister à l'ensemble des quinze spectacles de cette promotion. L'étonnement nous saisit devant la créativité et la qualité de ces prestations. Et bien sûr, celle de Maël est la meilleure ! Et l'exposition d'Elsa, sa future compagne, est une merveille que je transférerais illico au Palais de Tokyo !

*****

La crise dite des subprimes, qui menaçait depuis de longues semaines déjà, éclate en cet automne 2008. Les images, improbables, de banquiers de Wall Street quittant leurs buildings lestés de cartons et marchant, têtes basses, dans les rues de New York, envahissent les écrans puis hantent les Français, qui s'inquiètent pour leur épargne. D'autant que beaucoup de familles américaines se retrouvent à la rue.

Une nouvelle histoire s'esquisse alors pour moi, mais nous l'ignorons encore.

Octobre 2008, le président Sarkozy et sa ministre de l'Économie, Christine Lagarde, installés depuis dix-huit mois à peine, décident d'allouer, en urgence, 360 milliards d'euros aux banques afin d'éviter une hécatombe de faillites. Mais ils posent une condition essentielle à ce sauvetage dramatique : tout cet argent doit profiter aux entreprises. Le message se veut limpide : pas question, pour les établissements financiers, de lâcher celles-ci, lors du naufrage qui s'annonce, en leur coupant les crédits de trésorerie.

Prudent, le président de la République crée alors la Médiation nationale du crédit aux entreprises dont il confie la logistique à Yann de Nanteuil, inspecteur général des Finances, et la direction à René Ricol. Ce grand professionnel, véritable expert de l'industrie française et de l'analyse financière, n'hésite pas : il m'appelle immédiatement et me propose de le seconder.

Je suis très fier de cette promotion qui me sort, subitement, du placard où je m'ennuyais ferme. Le rôle de justicier au service de la classe ouvrière, dont j'ai tant rêvé, me tend – enfin – les bras, même si la charge de travail est telle que je serai rapidement contraint d'arrêter d'écrire articles et notes pour l'OCI. Mon engagement politique et social dorénavant passe par le sauvetage d'emplois.

Car en prenant ce nouveau poste, j'ai posé les règles dont je ne dérogerai jamais : en échange du soutien accordé aux entreprises, ces dernières ne devront pas licencier, mais trouver d'autres mesures d'économies, souvent plus douloureuses pour les dirigeants que pour les salariés.

Je me jette corps et âme dans cette mission. Elle m'habitera, à tous les sens du terme, chaque seconde pendant cinq années. (Photo 25)

Tu as profité d'échanges avec plusieurs de mes équipiers d'alors. Ils témoignent de la vigueur avec laquelle j'ai dû croiser le fer, des mois durant, afin de sauver des emplois, des salariés, des foyers. Un combat quotidien qui dévore mes journées et mon énergie. Les dossiers sensibles et techniques, où le diagnostic financier se révèle essentiel, nous échoient en effet. Certaines médiations sont menées en mode commando.

Stéphane M, expert-comptable, chef du service de contrôle fiscal à la Direction générale des finances publiques, l'un de mes collaborateurs directs qui deviendra mon ami, te l'a confirmé en se remémorant cette époque : « 2009 et 2010 ont été très rudes. Des années émaillées d'intenses pressions, relationnelles et politiques, incessantes et stressantes au possible. Jean-Claude était un homme passionné ainsi qu'un très bon technicien. Jean-Claude fermait la porte de la salle de réunion. Il rangeait alors, ostensiblement, la clé qu'il venait d'utiliser dans sa poche, puis annonçait que personne ne quitterait la pièce avant la conclusion d'un accord. Aucun d'entre eux ne pipait mot, mais les visages, qui s'allongeaient, parlaient d'eux-mêmes. De temps en temps, quand le timing le permettait, il consentait à ce qu'on vienne leur servir des pâtes Bolino, sur le coup de minuit. Vers 5 heures du matin, enfin, on accouchait d'un accord… dans la douleur.

Au besoin, Jean-Claude n'hésitait pas à exiger, et à obtenir, la suspension des dividendes. Ou bien la vente des voitures de fonction, à l'usage des cadres de la boîte, quand ce n'était pas, carrément, la remise en cause des rémunérations des dirigeants et de leurs familles. Aucune mesure, aussi brutale ou drastique soit-elle, ne le faisait reculer, dès lors qu'il l'estimait utile pour sauvegarder l'emploi. »

Car mon leitmotiv demeure, immuable : pas de plans sociaux ! À aucun prix et quoi qu'il en coûte. Quitte à me montrer, parfois, plus virulent vis-à-vis de l'entreprise que du banquier.

Je dois aussi résoudre des situations bloquées par les banquiers, comme lorsqu'un transporteur maritime de containers voit six de ses paquebots stoppés, au beau milieu de la Méditerranée, faute de carburant dans ses réservoirs et d'argent frais pour les remplir ! Trois jours et trois nuits durant, je mène d'épuisantes négociations au téléphone afin qu'ils puissent enfin repartir.

Ce n'est pas le pire des cas sur lesquels j'ai dû intervenir. Certains dossiers, complexes et récurrents, nécessiteront jusqu'à quatre années de traitement avant de trouver leur épilogue : tel fut le cas d'un producteur-distributeur de camping-cars.

Ce rôle de *working class hero* m'attire de nouveaux amis, mais aussi, bien des inimitiés. Pourtant, je finis par sortir du lot dans le schéma, si rigide et figé, de la Banque de France où ce genre de performance reste incompatible avec l'institution. La meilleure preuve en est la médaille de l'Ordre national du mérite que je reçois, lors d'une réception au ministère des Finances en février 2011, des mains de René Ricol, le fondateur de la Médiation auquel a depuis succédé Gérard Rameix. (Photo 26)

En avril, la Banque, que dirige alors Christian Noyer, se sent donc obligée de me promouvoir en tant que directeur adjoint de première classe.

Je tiens enfin ma revanche dans ma quête éperdue de reconnaissance sociale. Au nom de mes convictions, je bataille sans relâche dans cet univers qui ne sera jamais véritablement le mien.

Ma grande fierté cependant tient en quelques chiffres : en tant que Médiateur national délégué du Crédit, ma brillante équipe et moi, nous aurons finalement réussi, entre 2008 et 2012, à conforter plus de 200 entreprises, à sauvegarder 95 000 emplois et à dispenser plus de 2 milliards d'en-cours de crédit !

*****

Toute cette énergie, énorme, maximale, mais non canalisée, ronge ton organisme. Pris par ta mission, trop entier, tu y portes tant d'affectif que tu te mets en danger.

Au cours de cette période, si intense et pénible, tu déclares bientôt ton premier cancer du rein. Sitôt éveillé de l'anesthésie liée à l'ablation, tu te remets à travailler dans ta chambre d'hôpital où, dès ton arrivée, tu t'es installé un bureau.

Quelques mois après l'opération, bonne nouvelle : aucune métastase n'est à signaler, même si tu es désormais sous surveillance à vie, afin d'éviter une réédition dans l'autre rein valide. Mais tu mènes une existence normale. N'est-ce pas là l'essentiel ?

Pourtant, durant ton séjour à l'hôpital comme dans les mois qui suivent, tu es toujours professionnellement sous tension, à cran et jusqu'à la déchirure.

Souvent, tu t'indignes de l'attitude de certains dirigeants d'entreprises qui refusent de jouer le jeu de la Médiation et tentent de biaiser par des moyens détestables. Ils sont alors prestement recadrés et remis dans la boucle de la négociation, jusqu'à la conclusion d'une convention.

Cette efficacité dans l'action s'explique par l'autonomie du service que tu diriges, y compris financière, puisqu'abondée par l'État : l'entreprise paie son avocat, son administrateur judiciaire, mais pas la Médiation, ce qui vous laisse totale liberté dans la négociation.

Les résultats qui en découlent apparaissent évidents. Mais une autre vérité, cruelle, saute aux yeux : ton caractère, ta santé, tant au plan physique que psychologique, se délitent maintenant à grande vitesse. Ce constat m'inquiète et m'afflige.

Le salut pourrait venir de l'Institut de psychanalyse active, au sein duquel tu t'investis toujours beaucoup en compagnie de ton ami et confrère Pascal N. Il s'y est inscrit en 2001, deux ans avant toi. Jacqueline Ferré te confie un jour, sous le sceau de la confidence : « Vous serez à ma place à un moment donné ». Une prophétie qui te comble, mais qui ne se confirmera jamais.

Pascal et toi pensez que cette association devrait servir à développer son école, sa pensée, son process et la formation de thérapeutes, et non profiter à ses membres dirigeants. Vous proposez donc de grandes décisions à faire voter à l'Assemblée générale de 2009. Le conflit politique fait rage : l'avenir et les orientations de l'Institut sont en jeu. Encore une question de conviction et d'éthique de nature à te mobiliser jusqu'à l'excès.

Un combat toujours recommencé contre l'éternelle histoire des dégâts de l'ego, du pouvoir et de l'argent.

Alors tu pestes, vitupères, exploses à la moindre occasion, pour tenter de convaincre. Même nos paisibles balades à deux sur les sentiers côtiers du Morbihan sont désormais empoisonnées par les discussions enflammées que tu mènes sur ton téléphone mobile. Je t'entends hurler, t'étrangler d'indignation contre les propos de tes invisibles contradicteurs. Quand ceux-ci sont banquiers, je te soutiens ; lorsqu'il s'agit de psychanalystes, je trouve cela inapproprié et suicidaire. Notre premier vrai désaccord.

Pascal, ton ami psy, pense aujourd'hui que cet excès d'investissement et ta propension à vivre sur le ring en permanence t'ont coûté très cher. Je partage cet avis. Alors, je manifeste ma désapprobation de manière explicite : on ne peut pas limiter la vie à un combat, à un champ de bataille. Je tente en vain de faire valoir cette évidence.

Cette nouvelle bataille que tu viens d'engager se solde, au bout du compte, par une défaite.

La tentative de révolution au sein de l'Institut de psychanalyse active, dirigée par Pascal et toi, s'effondre lorsque Jacqueline Ferré impose un candidat à sa succession, lors de cette Assemblée générale, contre ta propre candidature. Tu as perdu, Jean-Claude, et sur toute la ligne, car au printemps 2010, tu te retrouves viré du conseil d'administration.

Tu auras confirmation de la justesse de ton jugement quelques années plus tard, lorsque trois scissions à l'intérieur de l'association aboutiront à autant d'écoles différentes.

Pour continuer ton activité, tu t'installes comme psychanalyste, en octobre sous statut d'auto-entrepreneur. Dès 2011, tu te mets, à ton tour, à former l'une de tes patientes.

Petit à petit, au cours de ces moments difficiles, je sens monter en moi des réserves croissantes, quant à mon activité d'architecte, si lourde à manager : la réglementation sans cesse changeante, les entreprises pas toujours au point – c'est peu dire – les clients difficiles à gérer, le personnel impossible à recruter.

Je repense à ces années de jeunesse où je disais souvent : « Si j'avais deux vies, j'aurais aussi été une artiste, comme Camille Claudel », et mesure la fragilité de l'existence. Ton cancer du rein m'a fait réfléchir : ma deuxième vie, il m'appartient de la construire, dès maintenant.

Dès 2011, aidée par Béné, une amie du Centre des Jeunes Dirigeants, experte en stratégie d'entreprise et communication, j'établis un plan d'action sur trois ans pour devenir peintre professionnelle, plan que je suivrai à la lettre.

Je m'inscris à la Maison des artistes, en tant qu'artiste-peintre, activité que je mènerai de front, pendant des années, avec mon agence.

Chapitre 9
En pleine confusion

L'année 2012 s'ouvre sur un événement particulièrement émouvant : la naissance de notre première petite fille, Lilou, au mois de mars. Le nouveau grand-père que je suis piaffe tellement d'impatience que j'arrive une heure en avance devant la maternité. Je tourne trois fois autour du bâtiment puis entre seul dans la chambre qu'occupent Marie et le bébé, sans même t'attendre.

En fin d'année suivante, Yann et Marie doubleront notre bonheur avec la venue au monde de Valentin, conçu lors de l'emménagement de leur famille à l'Orée de Sénart, une résidence draveilloise que tu connais bien : non seulement tu y as vécu ton enfance, mais ton père y habite encore. Pour mettre l'appartement au goût des jeunes parents, tu ne ménages pas ta peine puisque tu te charges des travaux d'architecture intérieure et de décoration.

La Médiation, dorénavant, est presque devenue une institution, à tout le moins est-elle reconnue et acceptée comme telle par les banquiers. Le stress se limite maintenant à l'analyse financière, comptable, ainsi qu'aux solutions économiques à trouver pour chaque entreprise. Certes, la crise de l'euro plombe toujours le Vieux Continent, mais elle épargne les États-Unis et l'Asie où l'économie retrouve du souffle.

J'entame ma dernière année à mon poste de médiateur délégué, mais je l'ignore encore. Le climat s'est fort logiquement allégé. Des équipes compétentes se sont formées puis aguerries dans la tourmente.

L'humour y trouve même désormais droit de cité. Ainsi, je découvre un jour que plusieurs de mes collaboratrices ont grimé l'une de mes photos puis l'ont déclinée sous la forme d'une galerie de portraits des grandes stars hollywoodiennes qu'elles ont placardés dans leurs bureaux.

Tout paraît rouler pour moi, mais cet environnement moins pesant ne saurait faire illusion. Car le rythme de travail, lui, reste le même : beaucoup trop chargé. Même lorsque nous faisons le trajet vers Kerdrecan, il faut que je continue à bosser mes dossiers les plus sensibles. Résultat : je dois te laisser conduire seule et passer tout le voyage au téléphone ! Te voilà donc chauffeur de VIP, ce qui ne manque pas de t'agacer et de sidérer une de nos amies que nous emmenons en week-end et qui assiste un jour à ce spectacle.

Heureusement, nos séjours dans notre maison de campagne constituent autant de ballons d'oxygène indispensables à notre équilibre et à notre famille. Pendant des semaines, je te martèle ainsi en boucle l'une de mes antiennes favorites : « Une piscine, c'est un piège à bébé. Il nous en faut une en Bretagne ! » Tu prends donc le temps de faire construire la nôtre, adaptée au jardin et à la construction existante. Le piège fonctionnera à merveille, attirant irrésistiblement nos enfants – et surtout les leurs ! – à chaque période de vacances.

Les nuages toutefois s'amoncellent à la rentrée. René Ricol qui, bien qu'il ne soit plus le médiateur en titre, continuait à garder un œil et une grande influence sur l'institution, annonce qu'il retourne à temps plein dans son cabinet privé, tandis que Gérard Rameix, son successeur, décide de quitter ses fonctions de médiateur national fin 2012.

En ma qualité d'adjoint et eu égard à mes états de service, il me paraît légitime de briguer son poste. Je sais que des obstacles se dresseront sur ma route, que je vais devoir faire face à bien des oppositions en raison de mon parcours et de mon style si atypiques, mais je suis persuadé que mes résultats et la reconnaissance du milieu parlent pour moi. Je suis prêt à lutter pour m'imposer.

Mais j'ai beau me démener, tenter de convaincre lors de discussions infernales, les résistances sont plus fortes encore que ce que j'avais imaginé, les manœuvres et grenouillages hostiles à ma candidature plus efficaces que ce que j'avais soupçonné.

L'annonce tombe, tel un couperet : au 1er janvier 2013, le nouveau médiateur national sera l'épouse du conseiller du président de la BNP, première banque française.

Je suis indigné, fou furieux. Dans cette nomination contre nature, qui de surcroît tombe au plus mauvais moment alors que la confiance revient à peine, je perçois un signe politique dévastateur. L'affirmation, évidente, d'une volonté gouvernementale : celle de ne jamais plus ennuyer les banquiers. Autant dire un enterrement de première classe pour la Médiation.

Cette fois, la coupe est pleine ! J'ai envie de tout arrêter. À mon tour, je clame donc haut et fort mon intention de prendre ma retraite de la banque et de rejoindre le privé.

*****

J'ai pris la ferme résolution de devenir une artiste professionnelle, agréée par ses pairs puis par le marché. Je m'y emploie avec vigueur et mon sens de l'organisation coutumier. Je poursuis ainsi mon parcours dans les salons de peinture abstraite et mes travaux en résidences d'artistes. Hélas, mon ami et coach, Ben Ami Koller, nous quitte en décembre 2008, c'est une immense perte pour moi et tous nos amis peintres. Je travaille désormais, avec une partie de mon ancien groupe, aux côtés de Thibaut de Reimpré.

Peu de temps après la naissance de Lilou, ma première exposition personnelle a lieu à la galerie Olivia Ganancia, rue Dauphine, à Saint-Germain-des-Prés. La première sortie de Lilou avec Yann et Marie est pour ce lieu et constitue un moment de grand bonheur pour nous tous.

Début 2013, je suis invitée à Pékin pour une exposition collective d'artistes français qui se déroule dans le cadre de Asia Art'Expo, une manifestation qui rassemble des artistes extrême-orientaux et des invités français installés au cœur de l'exposition. Je considère qu'à mon âge, démarrer une activité artistique en France n'a rien de très évident : l'opportunité que m'offre Asia Art'Expo de me faire connaître en Asie peut dès lors modifier la perception de mon œuvre dans l'Hexagone. Je saisis sans hésiter cette occasion qui aura l'effet escompté. Au début de l'été, je reçois ainsi la Médaille des arts-sciences et lettres, à double titre, en tant qu'artiste-peintre et architecte, lors d'une réception organisée à Paris.

En mars sonne l'heure de tes 60 ans. J'invite nos amis à une fête dans un restaurant des bords de Seine, à Draveil, loué pour l'occasion. Après le permis moto et l'initiation au saut en parachute, je continue à t'offrir un cadeau flattant tes goûts sportifs et ton besoin de dépenser ton inépuisable énergie. Cette fois, j'opte pour un vélo dernier cri et léger, en fibres de carbone, que tu adoptes aussitôt. Je suis contente de voir que tes nouvelles passions sont moins extrêmes que par le passé et t'exposent un peu moins aux plaies et aux bosses.

Notre amie Sophie, travaillant à la DRH de la Banque de France, partage ce soulagement comme elle le formule ce jour-là dans un de ces *speeches* de haute volée dont elle nous ravit régulièrement, en rimes comme à l'accoutumée. Morceaux choisis : « Vous êtes tous deux des passionnés, disent tous ceux qui s'honorent de votre amitié, vous ne faites jamais rien en dilettantes, Jean-Claude tu as eu ta moto à 40, ton saut en parachute à 50, ton vélo à 60, merci de ralentir ainsi les émotions fortes. » Et chacun d'applaudir en riant de bon cœur, toi le premier.

L'année se termine sur un bilan mitigé. D'un côté, j'ai pris mon envol en tant que peintre ; de l'autre, l'exercice échu se traduit par une baisse du chiffre d'affaires de mon agence d'architecte de 30 %. Du jamais vu, évidemment, mais le contexte, tant familial que général, a changé et peut expliquer ce dérapage. Le cœur n'y est plus.

Tu m'encourages à redresser la barre sans tarder si je veux vendre mon agence dans de bonnes conditions. Car tu as bien dû te résoudre toi aussi à constater que je me vis désormais comme une artiste à part entière. Il suffit de comptabiliser le nombre de mes journées loin du bureau pour s'en convaincre : pas moins de cent passées dans l'année à Kerdrecan !

Et ce n'est pas près de s'arrêter. Après un week-end à Lille avec mes amis peintres de Pékin, je repars, en novembre, vers le lointain Empire du Milieu, direction Shanghaï, en solo cette fois.

Dans cette cité gigantesque, je mets mes pas dans ceux de Pierre, le dirigeant d'une entreprise d'Évry, bon connaisseur du marché asiatique qui aide nos PME-PMI à s'installer à l'import-export. Je souhaite tout à la fois y vendre ma compétence d'architecte en rénovation énergétique et ma peinture. Je prends ainsi contact avec une agente artistique chinoise installée à Shanghaï, Madame Ge. En guise de cadeau déposé dans la corbeille de mariage, elle m'organise début 2014 une exposition au cœur d'un immense bâtiment destiné à accueillir les artistes et leurs œuvres. Je dispose pour moi seule de 650 m^2 pour exposer les 70 toiles que j'ai fait venir en containers ! Le plus impressionnant, ce sont les énormes panneaux libellés en mandarin annonçant l'exposition à l'extérieur du bâtiment, avec mon seul patronyme rédigé dans la langue de Molière.

L'exposition est un événement très couru pour la bonne société shanghaïenne. Je me plie de bonne grâce à la coutume locale des discours publics, sortes de conférences de presse destinées aux visiteurs, politiques et organisateurs de l'événement, qui me permettent d'expliquer les tenants et aboutissants de ma peinture, et surtout, selon la tradition, de se faire photographier avec tout un chacun. Tu m'accompagnes, Toto, ravi de mon succès, comme toujours, et sympathisant avec chacune de nos rencontres. (Photo 27)

Mon travail séduit le club des femmes millionnaires de Shanghaï – dans un pays qui se dit toujours communiste, cela ne s'invente pas – qui m'adopte et se met à m'idolâtrer comme une mascotte, m'emmenant partout, même à leur cours de danse ! Bientôt, ces distinguées dames m'affirment sans rire qu'elles me trouvent « aussi classe que Sophie Marceau », la Française favorite en Chine.

Cet enthousiasme pour mon œuvre et cette popularité inattendue me comblent. Mais le tourbillon de cette vie mondaine ne m'empêche pas de garder du temps pour faire un peu de tourisme dans la capitale économique de la deuxième puissance mondiale. Dans cette débauche de strass et de paillettes, je n'ai pas perdu mon côté routarde et curieuse.

Cette aventure chinoise ne s'arrête pas là puisque Madame Ge va, trois ans durant, continuer à exposer mes toiles avec le même succès, et que les dames du club des millionnaires me resteront fidèles au cours de mes diverses visites, trois fois l'an. Cette grande exposition au bout du monde est la marque d'une consécration, d'une reconnaissance dont l'écho va se propager jusqu'à Paris.

*****

L'annonce de ma démission de la Médiation nationale s'est répandue, telle une traînée de poudre, dans le monde feutré des cabinets d'audit financier privés. Du coup, les propositions pleuvent, y compris celles émanant de trois de ceux qu'on appelle les Big Four dans les milieux financiers : KPMG, Deloitte et Ernst & Young. Après des contacts avancés avec le premier, je tranche finalement en faveur de Deloitte où je deviens, à 60 ans, Senior Advisor.

Mes congés et Plan épargne temps cumulés me permettent de partir avant ma date de retraite à la BdF, programmée en novembre. Le 27 mai 2013, ma nouvelle carrière commence donc. Conformément à l'accord qui nous lie et qui va être reconduit durant trois ans, je crée une SARL, JCP Conseils, qui vend ses prestations au cabinet que j'ai rejoint.

Au sein d'une équipe jeune, compétente, brillante et cultivée, je rencontre Guillaume B, qui devient vite mon ami. Malgré la différence d'âge entre nous – ou peut-être grâce à celle-ci –, cette association de talents complémentaires fonctionne plutôt bien.

Bien sûr, des conflits de personnes ou de groupes existent, mais ils ne parviennent pas à enrayer la bonne réalisation des nombreux dossiers de sauvegarde et d'expertises. Il faut dire que cette période d'après crise, comme souvent au cours de l'Histoire, se révèle propice : les entreprises en difficulté n'hésitent plus à consulter des cabinets privés afin de se faire accompagner dans le pilotage de leurs projets. Contrairement à mes prévisions, mon statut de Senior Advisor n'est pas de tout repos, car je dois me déplacer dans toute la France pour accompagner les entreprises dans leurs tribunaux de commerce.

Pour la première fois de ma vie, je dirige ma propre boîte dont j'ai installé le siège social à l'étage de notre maison dans laquelle je passe par conséquent plus de temps qu'auparavant. C'est d'ailleurs l'occasion pour moi d'y faire des découvertes qui ne manquent pas d'amuser nos amis : le jour de mes 60 ans, à l'occasion d'une panne, j'étais bien en peine d'indiquer au réparateur la nature et la localisation de la chaudière et de la cuve de fioul…

Mes premiers pas de chef d'entreprise s'avèrent parfois compliqués. Gérer les contraintes administratives, en particulier, ne va pas de soi. Alors je m'appuie sur toi. Tu prends en charge ces tâches, peu gratifiantes à mes yeux et qui m'apparaissent comme autant de fardeaux alors que tu en as l'expérience depuis longtemps. Le paradoxe est d'autant plus savoureux quand on sait combien mes conseils t'ont été précieux lors du lancement de ton cabinet d'architecture et depuis, chaque année, au moment du bilan.

*****

Juin 2014. Une heureuse nouvelle : Maël et Elsa accueillent leur premier enfant, Johan, vite surnommé Jojo par tout le monde. Ils le baladent partout, avec leur troupe *La Folie Kilomètre*, à la grande joie du petit, curieux et sociable comme pas un. À 1 an, il aura déjà vécu dans dix-sept lieux différents…

… Et une triste : après des années de dégradation de son état et de douloureux incidents, Mamoune, ma mère, diagnostiquée d'une « démence sénile vasculaire », est hospitalisée dans un service de gériatrie et s'apprête à passer les trois dernières années de sa vie en maison de retraite. Pendant toute cette période, sa mort nous semble en permanence imminente. Elle ne décédera pourtant que le 26 novembre 2017, exactement un mois après toi…

Ton échec pour succéder à Gérard Rameix à la tête de la Médiation nationale t'a convaincu de la nécessité de voler enfin de tes propres ailes. Cet épisode, tu l'as vécu, à juste titre, comme une énième injustice à ton égard… injustice d'autant plus forte que, comme me le dira plus tard notre amie Sophie, qui s'est montrée disponible pour moi après ton décès : « Du jour où il est entré à la BdF, Jean-Claude a voulu être calife à la place du calife ».

La lecture du bilan de compétences si éclairant que tu as réalisé en 2006 et qui t'a été utile pour la suite de ton parcours, ne fait que confirmer ce sentiment. N'y écris-tu pas ces phrases qui, *a posteriori*, résonnent étrangement juste ? « En réalité, je crois que je ne sais pas faire sans prendre la place de quelqu'un d'autre. Quitte à le pousser dehors. Il me faut apprendre à vivre avec. »

On comprend mieux ta blessure…

Tu continues donc à fréquenter les administrateurs judiciaires et tribunaux de commerce dans le cadre de tes nouvelles activités. À 61 ans, tu travailles toujours dans l'urgence, le jour et la nuit. Stress maximum garanti et manque de sommeil récurrent : un cocktail détonnant dont les effets ne vont pas tarder à se faire sentir !

Au rayon des mondanités, nous participons désormais de plus en plus souvent à des soirées professionnelles, particulièrement celles de Deloitte organisées au Louvre, privatisé pour la circonstance. Visites guidées rien que pour nous. Le luxe total ! J'adore m'y rendre et mettre enfin des visages sur tous ces noms d'administrateurs judiciaires, de grands patrons et de hauts fonctionnaires dont tu me parles. À l'époque du Centre parisien des professions financières, le cadre de ces prestigieux pince-fesses se situait plus volontiers au Polo-Club de Paris ou au Musée Rodin, dans les jardins. Désormais rompus à l'exercice, nous y faisons bonne figure et prenons même plaisir à ces soirées. Nous sommes également conviés à célébrer les vingt ans d'Eiffage, le géant français du bâtiment, au Grand Palais. Somptueuse réception !

En novembre 2014, retour à Shanghaï. Cette fois, mes toiles sont présentées dans des maisons modèles, version club de dames millionnaires, où je fais le décor pour mieux vendre. Succès plus que jamais au rendez-vous. Je ne boude pas mon plaisir.

Dans les mois qui suivent, je m'escrime à faire tourner mon agence, tout en vendant davantage de toiles et en exposant chaque mois dans les salons ou les galeries.

L'année suivante restera pour moi celle de la consécration avec *Murs-Mur*, exposition personnelle au Château de Villiers, dans notre propre ville. Soixante-dix œuvres présentées au public. Ma peinture explose… puis s'expose partout comme le relève élégamment une amie.

Murs-Mur dit bien le cœur de mon travail depuis toujours : les murs, Le mur. Après mes premières recherches sur les matières, ma formation d'architecte m'a fait m'intéresser aux murs, à tout ce qu'ils représentent et symbolisent : ils vont devenir la matière de mon œuvre d'artiste, je ne vais cesser de tourner autour. Durant mes études, j'avais fait une série d'une soixantaine de photographies, en très gros plan, de murs aux matériaux très différents sans les nommer, juste pour le regard, que j'avais présentés dans l'exposition de peinture suivant mon diplôme. Dans mon mémoire d'archi, je leur avais consacré un long développement où j'évoquais l'histoire de leurs représentations, les grands artistes qui s'y étaient confrontés… Les murs de Rome et de Naples, sur lesquels se lit l'empreinte du temps, me fascinaient particulièrement.

J'ai toujours pensé que la surface des murs intègre la trace du passé, et que le passé est présent dans la matière des murs. Cela m'a beaucoup inspirée, même si j'ai, par la suite, fait des pas de côté dans ma démarche. Moi qui, dans mon métier d'architecte, ai toujours aimé les masses, j'ai travaillé comme peintre sur le fait qu'un mur est une masse, un obstacle, qu'un mur est à la fois une manière de se protéger et un enfermement…

Murs frontières, *Murs révélés*, *Murs sauvages*, *Murs troués*, *Souffle de mur*… Je n'ai cessé de décliner ces idées du mur dans mes séries de tableaux : qu'y a-t-il derrière un mur ? Qu'est-ce qu'un mur cache ou révèle ?

Quand tu es tombé malade Jean-Claude, j'ai entamé *Peau de mur*, une série dans laquelle j'utilise toutes les couleurs possibles comme autant de peaux arrachées aux murs. Dans cette série comme dans les autres, le sens de ma peinture est vertical, mes murs se dressent à la verticale, comme autant de personnes debout…

L'agence tourne à nouveau à plein régime. Suivant tes conseils, j'ai repris les choses en main pour pouvoir la vendre au meilleur prix. Je prépare activement le passage de relais. À cet effet, depuis 2012, je forme Baptiste, l'un de mes collaborateurs, afin de préparer ma succession : formation d'abord technique, puis en l'associant et l'impliquant toujours davantage dans le management. Nous discutons de longs mois avant que ce garçon, auquel j'ai accordé toute ma confiance, me fasse enfin une offre de reprise. Quel soulagement ! Je dois déchanter lorsque, début 2016, je reçois un mail dans lequel il m'annonce l'annulation de son offre, en même temps que sa démission. Non content de me laisser dans la panade, avec un boulot insensé, il se fait embaucher comme cadre chez mon principal concurrent ! Tout ça pour ça ! Je n'ai pas fini d'apprendre à propos des méandres de l'âme humaine et de mes propres erreurs.

En mai, tu achèves tes trois années de contrat chez Deloitte. Scénario classique pour un sous-traitant. Tu décides de continuer seul. Enfin, pas tout à fait puisque tu loues un bureau au sein d'un cabinet d'avocats d'affaires, installé sur les Champs-Élysées, en tant qu'analyste financier dans l'équipe. N'es-tu pas toujours une star du sauvetage des entreprises ? Un argument commercial particulièrement bienvenu à l'usage de tes nouveaux partenaires qui, non sans un certain cynisme, ne se privent guère d'en user. Voire d'en abuser. Tes avocats d'affaires préférés, rapaces et opportunistes, te pressurent, tirent profit de tes connaissances, utilisent ta réputation, se servent de tes réseaux… Mais tu parais heureux et fier comme un gosse. À quoi bon, alors, vouloir casser ton jouet ? L'aventure, ultime épisode de ta vie professionnelle, durera un an.

Durant cette période, tu te lies avec Jacques C, un prestataire de service du cabinet en charge de sa communication, qui devient ton dernier ami et confident. Avec lui, tu entreprends de chercher des solutions afin de tenter de rééquilibrer ton existence. Sans succès. Tu envisages des projets d'avenir pour occuper ta retraite : coaching de patrons, étude de dossiers pour des fonds d'investissement, m'accompagner lors de mes déplacements… Mais rien de cela ne semble suffisant pour te contenter, pour satisfaire ton appétit insatiable d'action, pour combler ta peur du vide et celle d'être inutile. Quand j'y repense, je me demande si tu pouvais vieillir…

« Jean-Claude souffrait énormément, raconte, encore aujourd'hui, ton ami Jacques. De son entrée à la Médiation jusqu'à son décès, il n'a plus compté la moindre relation vraie avec quiconque, autre que professionnelle. Sa valeur et sa compétence, en tant que résilient, étaient surtout exploitées par des gens qui pompaient et profitaient de son énergie. Le pire est qu'il en avait conscience et le vivait fort mal. Car derrière son armure de Chevalier blanc existait un homme qui voulait reprendre la parole, surtout vis-à-vis des siens, avec une certaine culpabilité. »

Plusieurs signes témoignent de ton envie d'aménager ta vie : par exemple l'installation d'un atelier dans le sous-sol de la maison. Il t'arrive d'y amener Lilou et Valentin, désireux que tu es de les initier aux rudiments du bricolage. Les deux gamins sont aux anges, mais ces moments de bonheur et d'intimité familiale sont bien rares, même si nous arrivons à prendre en charge les trois cousins pendant les vacances à Kerdrecan. (Photo 28)

Le reste de ton temps se résume à deux mots : *no limit*. Depuis le début de ta collaboration dans le cabinet d'avocats, tu n'as plus la moindre heure à toi. Même tes nuits sont envahies de coups de fil et d'interventions sur des dossiers. Les week-ends et jours fériés ne font pas exception à la règle.

Tu travailles tout le temps, car en parallèle de ton nouveau poste, tu mets un point d'honneur à continuer d'assurer tes interventions à l'université Paris-Dauphine qui t'a sollicité, en sus du Corps des mines, afin de donner des cours de finance d'entreprise, rapidement fort prisés par les étudiants.

Tu perds pied et t'enfonces ainsi, au prix de ta santé. Ou du moins de ce qu'il en reste. Les photos de l'époque, pieusement conservées par mes soins, sont aussi cruelles qu'édifiantes. Elles illustrent les conséquences dévastatrices que cet état d'épuisement, de frénésie et de colère permanente a provoquées sur ton être profond. Car depuis ton échec à prendre la tête du Conseil supérieur de psychanalyse active, la colère ne te quitte plus, envers tout et tous. Elle te dévore, te ronge, te fait exploser au moindre prétexte, même dans les contextes les plus amicaux et bienveillants, poussant nombre de nos proches à s'éloigner pour ne plus subir tes foudres. Ils ne te reconnaissent plus.

Septembre 2016. Nous fêtons mes 60 ans ainsi que ceux d'Elisabeth, l'épouse d'Alain Farel, au Musée des Arts du cirque. Une énorme surprise organisée pour nous, par Alain et toi. Un cadre extraordinaire. Ses invités et les miens s'entremêlent et l'ambiance est super. Pourtant, tu sembles ne pas me voir.

Tu es tout à la fois présent et le grand absent de la soirée. Mon amie et moi arrivons les yeux bandés, afin d'avoir la surprise de découvrir tant de visages connus et aimés. Les tiens, eux, sont comme perdus dans le vague, loin, si loin de nous autres.

Chapitre 10
Ta mort dans l'urne jaune

Septembre 2017. J'ai garé la voiture boulevard du Port-Royal, l'esprit agité de sombres pensées. Je remonte la centaine de mètres qui, par la rue Saint-Jacques, me sépare de l'entrée principale de l'hôpital Cochin. Mon cœur bat un peu plus vite à l'approche des bâtiments. Les souvenirs de ta précédente opération défilent.

Sept ans déjà ! Mêmes lieux. Rien n'a changé en apparence, mais au plus profond de moi, je sais que ce n'est plus pareil. Le décor n'a pas changé et pourtant tout est transformé.

Toi non plus Jean-Claude, tu n'as pas oublié. Il était tôt et faisait beau cet après-midi de 2010, sept ans en arrière. Après ton installation dans la chambre, nous avions marché jusqu'au Jardin du Luxembourg. Main dans la main, comme toujours. Nous aimions tellement cela, arpenter Paris ensemble. Nous avions mangé des glaces, avec le bonheur complice de gamins qui ont fait le mur avant une épreuve de philo. Nous jouions l'insouciance alors que je sais combien tu stressais au moment d'aborder ta première opération – une ablation du rein – suite au diagnostic de cancer épithélial.

Ton moral ? Tu étais tétanisé, mais tu donnais le change en faisant croire qu'il était au beau fixe. Malgré la peur du cancer et l'idée de perdre un rein, tu affichais cette image d'homme fort, solide, résistant, que tu t'étais forgée à travers tant d'épreuves depuis tes plus jeunes années. Un homme capable de faire tomber, les uns après les autres, les innombrables murs dressés sur sa route par la mauvaise fortune.

Positif, têtu, plein d'allant et d'une énergie incroyable. Prêt à relever tous les nouveaux défis s'offrant à lui, à continuer à se battre, à poursuivre cette improbable carrière dont tu avais si souvent rêvé avant de l'arracher envers et contre tout, quitte à y sacrifier tant d'heures et d'ardeur.

Oui. Sept années déjà. Une arrivée confiante, dans le service de néphrologie. L'aménagement de ton bureau de travail dans la chambre, qui fit bien sourire le personnel.

Dans le service, tu étais devenu la star, comme partout, comme toujours. Tu sidérais le personnel par ton tonus et ta force de caractère : dès le lendemain de ton opération, tu arpentais couloirs et sous-sols avec ta perfusion en proclamant que « pour se remettre il faut marcher ». Non seulement tu t'étais lié d'amitié avec le chirurgien néphrologue, mais tu étais devenu son conseiller financier !

Cette période paraît si lointaine.

Aujourd'hui, en tournant le coin de la rue Saint-Jacques, je tombe sur ces deux boutiques de Pompes funèbres juste avant l'hôpital. Comment ai-je pu ne pas les remarquer auparavant ?

Je détaille l'intérieur de l'une des vitrines. Immédiatement, je la vois, cette maudite urne jaune, juste dans l'axe de mon regard. Un flash morbide me saisit aussitôt. Une certitude, presque une évidence : « Toto va sortir de l'hôpital dans l'urne jaune. » La vision, détestable, m'envahit petit à petit. Je m'applique à la laisser traverser mon esprit pour passer à autre chose. On n'a pas, soi-même, travaillé des années aux Hôpitaux de Paris pour s'effondrer devant l'image d'une urne funéraire.

Bien plus tard pourtant, cette pensée reviendra. Lancinante. Inexorable.

Prémonition ? Sans doute. Ou bien évaluation inconsciente d'une situation impossible à imaginer. La suite apportera vite la réponse : l'annonce d'une interminable série de catastrophes.

Toi aussi, Jean-Claude, je sais maintenant que tu l'avais devinée.

Le cauchemar commence au printemps 2017. Ce jour-là, nous décidons d'emmener le petit Jojo, avec notre fils Maël, son papa, à une fête organisée par l'association d'éducation et de jeux pour enfants PAKAP, sur la place de Draveil. Depuis quelque temps déjà, tu te plains de l'estomac, le soir, pendant et après les repas. J'avoue que je n'y prête pas grande attention. Tout au long de ta vie, tu as souffert du tube digestif. « Mais cette fois, c'est inhabituel et super grave », me répètes-tu pourtant.

Problème : comment te prendre un rendez-vous chez un médecin si ton agenda, surchargé comme toujours, ne te permet pas de l'honorer ? De guerre lasse, je finis par te dire de t'en occuper vite si tu trouves cela si inquiétant.

Le jour de la fête, alors que les enfants s'amusent autour de nous, tu t'étrangles, dans la rue, en mangeant un de ces croûtons de pain frais dont tu raffoles. Je panique, je vois que tu souffres. Maël garde suffisamment de lucidité pour intervenir en te calmant pendant que je cours te chercher de l'eau. Cela finit heureusement par passer, mais l'alerte a été chaude.

Alors cette fois, tu te décides à consulter ton médecin traitant. Le sombre sentiment qui était le tien depuis plusieurs semaines est confirmé par celui-ci. À partir de là, tout s'accélère. Le toubib te prescrit une batterie d'examens de l'œsophage et de l'estomac : pour t'inciter à les faire, il n'hésite pas à te livrer un prédiagnostic assez inquiétant.

Nous sommes alors en juin. Je me prépare pour un stage de yoga dans le sud de la France. Tandis que j'hésite à partir alors que tu attends tes examens, tu me pousses à le faire. Et tu me dis que dans l'attente des résultats définitifs, tu n'es pas sûr de pouvoir assurer la vente de mon agence dont tu es censé t'occuper depuis plusieurs mois. Tu me conseilles de prendre contact avec ton amie Yvette pour qu'elle prenne la relève. Je suis à Sète lorsque les résultats arrivent. Ils sont mauvais et disent que ce dont tu souffres est grave.

Je refuse pourtant encore de m'inquiéter outre mesure. Il s'agit de ton troisième cancer après une opération bénigne de nodules dans la gorge, puis l'ablation d'un rein. Rien d'anodin, certes, mais les deux interventions se sont si bien déroulées qu'elles t'ont laissé apte à reprendre, sans tarder, tes multiples activités.

Du coup, durant mon absence d'une semaine, je suis relativement sereine quant à ton état. Chaque jour, nous nous parlons au téléphone. Très vite, je te sens différent, même si tu tentes de dissimuler ton véritable état d'esprit. Je te raconte mes diverses activités. Tu me ménages, content que j'aie pris contact avec Yvette pour la voir dès mon retour.

À peine rentrée, la réalité me saute aux yeux. Je te trouve abattu, atterré. Il y a de quoi. Tu viens de découvrir l'état de gravité de ton cancer : un adénocarcinome. Juste à la liaison de l'œsophage et de l'estomac. Immédiatement, je pense à la mauvaise gestion de ton stress, à l'anxiété délétère qui, par le passé, t'a provoqué, si souvent, des brûlures au niveau de l'appareil digestif. Toute la famille prend immédiatement les choses très au sérieux.

Accélération : rendez-vous à Cochin avec les spécialistes de cette pathologie, recommandés par ton précédent chirurgien néphrologue. Les médecins, des praticiens de premier plan au niveau international, décident de démarrer sur le champ une chimio selon le protocole correspondant à ton diagnostic.

Les jours précédant le démarrage de ton traitement, ton moral est au plus bas. En week-end chez Alain et Elisabeth, tes nerfs craquent. Tu t'effondres sous leurs yeux et les miens. Te voir si atteint psychologiquement par cette saloperie de maladie, toi d'habitude toujours tourné vers le combat, affichant toujours ta pugnacité et ta détermination, t'entendre ainsi te lamenter publiquement sur ton sort est un choc pour nous tous.

Devant nos amis, je te réponds que ta maladie ne tombe pas du ciel. Le cancer n'est pas quelque chose qui vient de l'extérieur de toi : ce sont les cellules de ton corps qui se sont mal divisées, tes lymphocytes T4 qui n'ont pas joué leur rôle, et ton corps, c'est toi !

Ma réaction est un peu rude, j'en conviens. Mais, avoue-le, j'ai des raisons légitimes de perdre patience. Depuis cinq années déjà, je me bats, pied à pied, pour te convaincre de changer de vie. De t'aménager une existence plus sereine, spirituelle et moins immergée dans les exigences quotidiennes du social et de l'aide que tu estimes devoir prodiguer en permanence à l'ensemble de l'humanité en détresse.

Pendant tout ce temps, j'ai prêché dans le désert.

Ton accablement, en réponse, dépasse ce que j'avais imaginé :

« Si tu me lâches maintenant, juste avant ma chimio, si tu n'es pas à 200 % avec moi, c'est foutu…

— Je ne te lâcherai jamais ! »

Il devient vite difficile de concilier ce traitement, lourd et astreignant, avec les activités de ton cabinet JCP Conseils, que tu t'obstines à manager, contre vents et marées.

Ton courage et ton cran ne suffisent pas. Le protocole se révèle pire encore que prévu. Dès la deuxième séance, tu souffres déjà du syndrome main-pied, cette réaction assez fréquente aux traitements par chimiothérapie qui provoque d'horribles brûlures sur la plante des pieds et à l'intérieur des mains. Une abominable épreuve.

Plus aucun appétit. Mal au cœur permanent. Le moral en berne.

Je tente de prendre les choses en main en te préparant des quantités infimes, mais très variées, de mets que tu apprécies, en te faisant boire des produits susceptibles de t'apporter vitamines, protéines et sels minéraux. Peine perdue : tu ne parviens même pas à les ingérer. Ensuite ? Tu dépéris, puis maigris atrocement. Tes douleurs cutanées deviennent intolérables. Je m'évertue à traiter par le froid et par l'eau la chaleur qui irradie de tes membres, quatre à cinq heures chaque soir, avant que tu puisses t'endormir.

La troisième séance de chimio achevée, tu demandes un transfert au Centre de Vannes, pour passer les vacances dans notre maison du Morbihan, avec enfants et amis. L'établissement, parfaitement équipé et rompu à ce genre de traitement, nous plaît, ses personnels, compétents et attentifs, tout autant.

Moi, je m'enfonce dans l'angoisse, incapable de supporter ta souffrance. Je suis seule et je dois assumer. Pendant une des séances de chimio, tandis que je marche sur le port de Saint-Goustan, pour aller manger à l'Armoric, ce restaurant où nous allions si souvent ensemble, la pensée que cette solitude va devenir mon avenir me submerge. C'est la première fois que je prends conscience avec une telle évidence de ce sentiment effroyable, mais certain. En guise de compensation dérisoire, je me fais plaisir en commandant comme repas, deux de mes entrées favorites : du foie gras et des huîtres.

Yann et Maël, Marie et Elsa, leurs compagnes, nos trois petits enfants, quelques-uns de leurs amis aussi passent du temps chez nous cet été-là. C'est pour moi un soutien incroyable, mais aussi un crève-cœur de les soumettre à ces épreuves. Car certains soirs, les douleurs dépassent ta capacité à endurer. Tu me hurles dessus parce que je ne me montre pas assez prompte à te soulager, avec de la glace, des gants mouillés et des cuvettes d'eau froide. J'encaisse. Ce qui compte, c'est d'assumer, de gérer, d'agir : je ne vois que cela. Je m'accroche à cela.

Nos deux fils et leurs amis se mettent à me parler avec un mélange de compassion et d'admiration. Ce regard extérieur que les autres me renvoient me fait prendre conscience, chaque jour un peu plus, de la gravité d'une situation que je refuse de voir, persuadée que je suis que je vais te guérir. Je mesure quand j'y repense à quel point j'ai eu des comportements irrationnels, des croyances un peu folles à cette période pour tenter de conjurer le sort.

Je me répète encore et encore : Jean-Claude ne peut pas mourir ! Tu ne mourras pas ! Je vais te soigner !

Et pourtant, dans le même temps que je m'accroche à cette certitude, je sais au plus profond de moi que c'est foutu. Je ne suis juste plus assez lucide pour l'admettre.

La dernière visite de nos amis Stéphane et Valérie, place Rouffy, après notre retour de Kerdrecan, aurait dû m'ouvrir les yeux. Tandis que j'échange avec eux, je vois soudain le visage de Stéphane se décomposer lorsque tu arrives sur le perron arrière du jardin. Valérie, elle, doit faire un gros effort pour ne pas fondre en larmes face à ta maigreur extrême et à ton regard défait.

Rien de cela ne m'échappe, sois-en sûr. Mais je suis dans le déni total. Ne sommes-nous pas pareils, toi et moi ? Tellement impliqués dans le feu de l'action que nous refusons de contempler les dégâts sur le champ de bataille.

À la fin août, nous avons un nouvel entretien important, à Cochin, avec le médecin chargé de la chimio et Madame Leconte, la chirurgienne assurant l'opération nécessaire pour retirer les tissus endommagés et reconstruire ton œsophage.

Arrivée difficile à l'hôpital. Tu refuses d'utiliser un fauteuil roulant, alors que tu ne peux quasiment plus marcher.

Tu t'impliques tellement dans ton combat contre cette maladie que tu m'interdis de décrire tes douleurs, par peur que le médecin ne diminue le protocole de chimiothérapie et que tu perdes ainsi une chance de t'en sortir. Jusqu'au-boutiste, comme toujours !

L'intervention est programmée mi-septembre.

La chirurgienne, jeune et grande spécialiste d'œsogastrectomies, nous reçoit avec beaucoup d'écoute et d'empathie. Elle nous fait des dessins expliquant, avec force détails, comment elle va procéder. Son bureau, inhabituellement personnalisé pour les hôpitaux et décoré avec goût d'objets de son choix, semble parler d'elle. Souriante, elle est aussi très enceinte. D'où sa précision : « Nous allons travailler à quatre mains avec mon collègue chef du service ».

Tout cela me convainc plutôt jusqu'à ce que l'on rencontre le responsable en question. Là, mon sang ne fait qu'un tour. Instinctivement, sitôt l'entretien terminé, je te crie : « Toto, tu ne peux pas te faire opérer par ce type. Il est malade, totalement névrosé… »

Tu opines. Puis tu me réponds que « cela te va bien de te faire opérer par un névrosé. Eux, ils se battent jusqu'au bout. Ils veulent toujours avoir raison. »

J'en reste sans voix. Tu m'as désarçonnée, Toto. Comme tu l'as si souvent fait tout au long de ces années, tu m'as convaincue. Hélas : les faits ont confirmé, point par point, mon intuition. Et pire encore.

Comme j'ai eu raison de m'alarmer et de redouter ce qui allait advenir.

Une opération très lourde. Plus d'estomac. Plus d'œsophage. Un œsophage reconstruit avec une partie de l'autre organe. Puis, après la sortie de réanimation, la prévision d'une alimentation directe dans le duodénum, le temps de la rééducation.

Quarante jours durant, tu vas rester allongé dans le service de réanimation, Toto. Tu passeras seize journées et nuitées souffrant terriblement ; ensuite, vingt-quatre autres jours de coma artificiel.

Ton ultime combat. Perdu celui-là, ainsi que l'atteste le certificat de décès délivré le 26 octobre 2017.

Les choses pourtant débutent plutôt bien, si l'on peut dire. La consultation préalable à l'opération, chez le pneumologue, nous redonne meilleur moral. Le premier test réalisé lui paraît tellement bon qu'il préfère procéder à un second. Prometteur. Selon lui, ton passé de plongeur en apnée et ta pratique du yoga te permettent de bénéficier d'une capacité respiratoire de 150 % par rapport à quelqu'un d'autre de ton âge et de ton poids.

L'espoir semble donc à portée de main lorsqu'on se rend dans le bureau de la chirurgienne, lestés de ces résultats plus qu'encourageants. Ce jour-là, elle préconise une rééducation en centre spécialisé à l'issue de l'intervention. Hypothèse que tu balaies d'un revers de main, sur un ton sans réplique : « Après l'opération, je rentrerai chez moi ».

Mesurant ta combativité, elle y croit elle aussi.

Cette bravade, en réalité, masque mal ton état psychologique du moment. Terrorisé.

Ce constat devient une évidence la veille de l'opération, lorsque je t'emmène en voiture à Cochin. Tu me lâches soudain : « Réalises-tu que Yann a l'âge que j'avais quand mon père est mort ? ».

Je t'objecte qu'il n'existe aucune fatalité à ce que tu suives ses traces.

Arrivés à l'hôpital, nous découvrons ta chambre. Glauque, voire sinistre. Elle ne te plaît pas du tout. À moi non plus du reste. Je descends illico à la papeterie de l'établissement, puis remonte avec une demi-douzaine de revues d'économie, de psycho et de voyage… sous le bras. Tu ne les regardes même pas. Tu sembles en proie à l'épouvante. Comme effondré. Un bien triste spectacle pour qui te connaît un tant soit peu.

Dans Psychologie Magazine, nous tombons sur un test permettant de déterminer si notre personnalité est « angoissée ou déprimée ». Nos analyses respectives se révèlent diamétralement opposées : je suis une angoissée, toi un déprimé…

Ma conviction n'a fait que s'affermir ces derniers mois : au niveau de stress dans lequel tu as si longtemps vécu, il aurait été illusoire de prétendre échapper à une série de cancers.

Pour autant, je me projette plus que jamais dans le futur à tes côtés. En te regardant dans les yeux, je t'affirme alors : « Cette fois, je ne te laisserai pas le choix. Il va falloir changer de vie mon coco ! ».

Le doute m'effleure d'autant moins que tu parais – enfin – réceptif à cette hypothèse, et déterminé à alléger un peu ta charge de travail. Comment ? En te consacrant surtout au coaching de chefs d'entreprises exposés à des difficultés. Ton dada, l'idéal à tes yeux : le mariage parfait entre ton expertise financière, comptable et psychanalytique.

Je suis ravie. Pour la première fois, tu te déclares volontaire à l'idée de réduire la voilure.

« À toute chose malheur est bon. » Telle est la pensée qui me traverse à ce moment-là.

À cet instant, je me trouve à des années-lumière d'imaginer ce qui va se passer, persuadée, au contraire et comme toujours, que tout irait mieux « après ». Du coup, la sourde inquiétude qui me rongeait, le soir, à la veille de ton opération, m'a pratiquement quittée quand on se sépare. Aussi, lorsque tu me fais jurer d'être assise là, en face de toi et de te tenir la main, le lendemain à ton réveil, je te rassure. « Bien sûr que je serai là, Toto ! ».

Lorsque je reviens le lendemain, tu es en cours de réveil, dans les vapes, intubé et attaché au niveau des poignets. Quelle pénible vision ! À peine réveillé, tu te rebelles et te mets à pousser des hurlements, en t'indignant que l'on t'ait attaché. Personne n'attache Jean-Claude !

Les médecins finissent par obtempérer, puis tentent de t'expliquer qu'ils vont devoir te rattacher sans tarder, afin de t'empêcher d'arracher le tuyau qui t'obstrue la gorge.

Un moment difficile…

Après ton réveil post-opératoire, tes souffrances deviennent insupportables. Je m'aperçois que la péridurale s'écoule au niveau du robinet d'arrêt, près de ton cou. Je comprends qu'elle est sans doute bouchée et que l'anesthésie, par voie de conséquence, est totalement inopérante.

L'équipe médicale doit recourir en urgence à une pompe à morphine puis installer celle-ci dans ta perfusion. Tu es supposé appuyer toi-même sur la poire actionnant le mécanisme sauf que ton état ne le permet pas toujours…

Les ennuis s'enchaînent. Il y a beaucoup trop de liquides dans les drains : plus d'un litre et demi rejeté par ton organisme chaque jour. Une fuite du canal thoracique qu'il faut, bien sûr, arrêter d'urgence.

Madame Leconte, la chirurgienne, en congé maternité, est rappelée en toute hâte afin d'officier, car les soignants ne nous cachent pas que le pronostic vital peut vite s'assombrir dans le cas d'une fuite prolongée de ce liquide. Du coup, deuxième intervention sous péridurale. Et encore un débranchement aberrant de la tuyauterie dans ton dos : le liquide s'écoule sur le lit trempé.

Tu hurles. Tu vis un véritable martyre. Retour à la pompe à morphine. Pas d'autre choix.

Un après-midi, tu parviens à te lever avec la kiné qui te mobilise tous les jours. Grande victoire. Espoir. Mais les drains continuent à couler à un rythme beaucoup trop rapide. Tu te vides de ta substance vitale, et dépéris à vue d'œil.

Tes défenses immunitaires affaiblies, tu te mets à tousser. Puis à cracher. Des déjections inhabituelles. Horribles, mousseuses, avec lesquelles tu t'étouffes.

Aucun pneumologue, à ce moment-là, n'estime utile de prendre le problème en main. Pourquoi ?

Quelques jours plus tard, nouveau crescendo dans ce cauchemar éveillé.

Un matin, en arrivant à l'hôpital, je croise ton infirmier qui sort de ta chambre, l'air optimiste. Moi, je te trouve gris dans ton fauteuil. Incapable d'articuler deux mots. Et tu te mets à grelotter. L'angoisse, incoercible, me saisit. Je me précipite dans le couloir en criant : « Au secours ! Cela ne va pas du tout ! ». Plusieurs soignants et le réanimateur déboulent à toute allure. Couvertures. Urgence pour toute l'équipe.

Le diagnostic tombe. Terrible. Implacable. Sepsis sévère. Le second rein – celui qui te reste – infecté ne fonctionne plus. Dialyse à vie. Une machine de dialyse est installée dans ta chambre. Tu respires de plus en plus mal.

Chaque jour, je harcèle l'équipe médicale afin de connaître les résultats des antibiogrammes qui n'arrivent jamais. Face à tes difficultés respiratoires, l'équipe tente une VNI, une méthode de rééducation respiratoire. Pourquoi aussi tard, sachant que tu suffoques devant moi à chacune de mes visites ? La machine, invasive et difficile à supporter, t'épuise en t'amenant l'oxygène.

Un soir, à bout de nerfs devant ce supplice que l'on t'impose et impuissante face à ta panique, je fais un malaise et tombe dans les pommes.

Je suis incapable de te voir suffoquer ainsi, de t'imaginer mourir étouffé. C'est un trauma ancien et profondément enfoui qui remonte en moi, lié à ma propre naissance avec le cordon ombilical autour du cou, mais aussi au récit de ma mère me racontant qu'elle avait failli mourir étouffée dans une tranchée durant la guerre, puis encore, au souvenir de mon accident de voiture où j'avais cru mourir étranglée par ma cape…

Je n'ai jamais supporté d'avoir quelque chose autour du cou, quelque chose qui pourrait m'empêcher de respirer. Alors, te voir comme cela… Les soignants s'occupent de moi et tentent de me rassurer en répétant « Ne vous inquiétez pas, on ne laisse personne mourir étouffé ».

Ah oui ?

Le dernier SMS que tu m'adresses avant ta plongée sans retour hélas, dans le coma artificiel, témoigne de l'anxiété que cette situation générait chez toi. « Le drain pulmonaire n'est pas efficace et il en faut un autre à gauche. Ils vont t'appeler et je vais partir au bloc. C'est pour ça que je ne respire plus et que je fais mes crises de panique. Je risque de ne pas te voir avant de partir au bloc. Baisers à toi. »

Je reçois cet ultime message à 5 h, le lendemain du malaise. Afin d'essayer de nous rassurer, je te réponds : « Yann arrive. Je l'appelle. Tant mieux si tu respires mieux après. T'inquiète, je serai là pour ton réveil. Courage. Je t'embrasse. »

Mais tu ne te réveilleras plus jamais. Je ne te reverrai pas. Yann non plus, qu'ils ont laissé dans la salle d'attente plusieurs heures, sans le prévenir.

Juste, pour toujours, cet appel à l'aide dans ton regard, le soir de mon malaise. Ton dernier soir parmi nous…

Un dernier soir où tu as été seul, où je n'ai pas été là, alors que pendant les vingt jours précédents j'ai tout fait, tout organisé pour être présente dix heures par jour en plus de mes journées de travail, tous les jours, tous les soirs. Et là, je craque. Je pars. Ce soir-là où il aurait fallu être avec toi. Car le lendemain…

Après ce long naufrage de la « réa », au cours duquel, malgré mes demandes réitérées, je n'ai pas vu l'ombre d'un pneumologue dans le service, ils se résolvent à une opération de la dernière chance. Décision difficile du chirurgien abdominal : une dernière intervention, avec son collègue chirurgien thoracique, seul espoir de nettoyer, suturer et contrôler la plastie.

Trois interventions d'une telle ampleur en un mois : j'aurais dû comprendre, à ce moment-là, que tout était terminé. Mais je m'y refuse, je veux espérer encore. Tous les jours, chaque heure, je me bats. Dehors, pour tenir mon agence et assurer cette quantité infernale de travail à fournir, mais aussi pour maintenir en vie ton entreprise jusqu'à ce que tu reviennes. Et puis à l'hôpital, afin de me tenir quotidiennement à tes côtés.

24 jours encore à vivre avec toi dans le coma, dix heures par jour.

En te tenant la main et te parlant.

En te passant les messages et vidéos de soutien des enfants, petits-enfants et amis.

La pancarte « malade curarisé » sur la porte de ta chambre, au fil du temps, m'a édifié quant à la gravité de ton état. Pas assez cependant pour m'empêcher de croire en ta rééducation.

Voilà où nous en sommes, Toto. Tu comprends mieux maintenant pourquoi la vue de cette maudite urne jaune, dans sa vitrine, m'a, un temps, fait aussi mal.

À la suite de la dernière intervention, ton état s'aggrave toujours. L'anesthésiste et son équipe de réanimation abdominale semblent persuadés qu'il faut envisager la fin et nous y préparer. En revanche, le chirurgien nous convoque un dimanche matin, Yann, Maël et moi. Il parle d'espoir, de ta combativité incroyable, du fait que les résultats de la biopsie sont arrivés. La chimio t'a guéri de ton cancer : T0n0. Incroyable nouvelle qui ouvre des perspectives, enfin, après ces semaines terribles. On veut y croire. On y croit.

Et puis patatras. Tout semble s'effondrer à nouveau. Le lendemain, alors que je suis seule dans la chambre, l'interne du service de réanimation me demande si, la veille, nous avons discuté avec les enfants de l'éventualité de « te débrancher ». Choc insupportable. Je fais un nouveau malaise.

Le chirurgien me trouve sanglotante, en salle d'attente, dans les bras de mon amie Monika venue me soutenir. Il s'emporte après l'équipe de réanimation.

Je vis cette scission du corps médical comme une catastrophe insurmontable. Le soir même, le praticien décide de ton transfert en réanimation pulmonaire. Nous l'approuvons, mais nous interrogeons : pourquoi si tard ?

Un texto en date du 17 octobre, que tu n'auras jamais la possibilité de lire, illustre ma détresse du moment : « Toto, il s'est passé des choses très graves dans le service. Ne m'oblige pas à prendre des décisions à ta place. Je t'en supplie. Je ne suis pas capable de le supporter. Décide de quel côté tu veux aller. Nous serons d'accord avec ton choix. Je t'embrasse. »

Dans une lettre adressée au docteur Leconte, le 30 juin 2018, je pointerai sans complaisance l'ensemble de ces dysfonctionnements. Lourds de conséquences. Six mois plus tard, elle me recevra chaleureusement, ouvrira tout le dossier médical pour moi et répondra à toutes mes questions.

Transfert en service de réanimation pulmonaire. Je t'entends intérieurement répéter l'un de tes leitmotivs favoris : « Dès qu'il y a une porte entrouverte, je la pousse. » Le résumé de ta turbulente vie. Alors je garde en moi un soupçon d'espérance.

L'environnement a changé. Une chambre claire, plus spacieuse, avec vue sur le Val de Grâce. Une équipe médicale sérieuse ; un chef de service ouvert et formidable, humainement parlant. Je décide donc d'y croire. Un peu. Jusqu'à ce soir où, en passant dans le couloir, je longe le bureau des médecins. Curieuse de nature, je regarde et aperçois des radios sur le négatoscope. J'ai le temps de distinguer que le patient concerné n'a plus que deux lobes pulmonaires fonctionnels, puis de me dire, en moi-même : « Le pauvre type ! ». Quelques pas plus loin, le flash : ce rachis, l'arrondi des épaules, ce squelette… c'est toi Toto !

Mon intuition ne m'a pas trompée.

Le lendemain, dans ta chambre, le chef de service me prend à part. Le visage grave, son regard vissé au mien, il me confie, à demi-mot, ce que j'ai déjà compris : « Quel dommage que Jean-Claude soit arrivé si tard ! Quelques jours plus tôt et tout aurait été encore possible. »

Un lourd silence s'ensuit. Message reçu 5 sur 5. Mais le praticien va au bout de sa pénible besogne. Il me demande de réunir Yann et Maël rapidement, pour un entretien avec lui. Celui-ci sera, hélas, sans surprise, notre interlocuteur nous expliquant que « le processus en cours est irréversible et qu'il sera impossible de continuer comme cela ».

Tout est dit. La faible lueur qui scintillait toujours, tel un reflet fugace au bout d'un tunnel, s'éteint sous nos yeux.

La belle-mère de Maël, elle-même médecin, avait devancé l'échéance en le préparant, le premier, à cette épreuve. Yann, lui, connaissant ton opiniâtreté, était persuadé que tu allais en sortir. Handicapé, certes, mais vivant. Dans ses rêves, il te voyait en fauteuil roulant, harnaché à une bouteille d'oxygène, en train de houspiller les banquiers à Bercy !

Maël s'inquiétait surtout pour moi. Il craignait que ce fardeau se révélât trop lourd à porter pour une maman presque sexagénaire : « Maman, il est hors de question que tu passes le reste de ta vie avec un handicapé dans un lit ! » Je l'avais rassuré en lui affirmant que je savais faire, que je préférais ça que te perdre, et que mon passé m'avait préparée.

Au terme de notre bref conciliabule avec le chirurgien, ces interrogations et ces maigres espoirs ne sont plus de mise. À ma question « Injection létale ? », il répond par l'affirmative, en inclinant la tête. Puis ajoute : « Nous ne vous demandons pas votre accord. La décision a été prise par une commission composée de six médecins. Il faut juste vous y préparer. »

Je lui demande alors : « Combien de temps pour l'issue ? ».

« Quatre à cinq heures », me répond-il.

Je conclus : « Avec Jean-Claude, vous pouvez largement multiplier par deux. »

J'aurai tristement raison.

Quelques heures avant l'échéance fatale, une énième épreuve nous est imposée. Le chirurgien « névropathe », chef de l'autre service, veut « absolument » nous rencontrer avant de démarrer le protocole. Guère enthousiasmés par cette idée, il nous faut toutefois battre la semelle en l'attendant. Presque trois heures passent avant de le voir arriver, échevelé, s'excusant de nous avoir fait attendre. « Un stage d'apprentissage moto », croit-il utile de préciser.

On se regarde. Incrédules.

Le pire reste à venir. « Avez-vous prévu une cérémonie à l'église ? » enchaîne-t-il. Le coup de grâce. Cette fois, nous sommes atterrés. Yann et Maël serrent les dents. Et les poings.

Quelle honte ! Quelle indécence ! En quoi cela le regarde-t-il ?

Il retarde, sans raison aucune, le commencement de la pire nuit de notre vie.

Enfin, les injections létales se déclenchent, automatiquement, sous nos yeux. Nous sommes réunis autour de ton lit, en pleurs. Les écrans de surveillance sont débranchés, pour nous laisser en paix. Je décide alors de prendre ton poignet et tes pulsations, sans jamais le lâcher. Pour suivre. Pour savoir. La première seringue s'écoule. La voilà vide. Rien ne se produit. Tu vis toujours. Paisiblement. Ton pouls bat. Régulier. Imperturbable. Deuxième seringue. Scénario identique.

Au bout de quatre heures, nous en sommes au même point. Nous décidons de grignoter des chips et des sucreries achetées dans les distributeurs automatiques, sur le lit, sur ton corps, car la nuit, nous le savons tous, sera longue. Je décide de mettre de la musique, d'abord ces chanteuses de jazz que tu adorais. C'est doux, c'est bien. J'essaie ensuite de mettre notre rock fétiche, ce *Just a gigolo* qu'on a dansé deux mille fois, mais c'est trop. J'arrête.

Plus tard dans la nuit, je propose à Yann et Marie de rentrer chez eux, car demain il faudra s'occuper des petits. On nous apporte des matelas, que nous posons à même le sol. Maël, épuisé, s'y affale. Moi ? Je reste au taquet sur mon fauteuil, avec ton poignet en main. Je sens soudain que tes pulsations deviennent irrégulières et faibles. Je me précipite sur ta poitrine. Juste assez vite pour sentir un énorme choc au niveau de ton cœur. Comme une déflagration.

Je cours dans le couloir pour aller voir les écrans de contrôle des médecins. Il n'y a plus de doutes. C'est fini.

Fini.

Nous sommes le 26 octobre, il est 3 h 45 : quarante jours après ton admission à l'hôpital. Nous rentrons à la maison. Hébétés.

Les heures passent.

Maël me supplie de faire les obsèques avant la Toussaint. « Papa détestait le mois de novembre, synonyme pour lui de déprime du début de l'hiver ».

Comme à chaque épisode de ce terrible feuilleton, nous sommes tous d'accord. Soudés. Compacts. Un vrai bloc. Nous ferons tous les choix ensemble, sans une ombre entre nous : le cercueil, l'urne, les invités, les personnes désignées pour parler lors des obsèques, la musique, celle du *Grand bleu*, comme une évidence pour nous tous.

Je repense, en boucle, la nuit…

La morgue

C'est le lendemain matin.

Je suis à la morgue de l'hôpital Cochin, près de l'entrée extérieure, la plus proche de la banlieue, là où je sortais tous les soirs, mais je n'avais pas remarqué le bâtiment, c'est toujours comme ça, on ne voit que ce qui nous concerne ou plutôt on refuse de voir ce qu'on refuse ; assise au bureau de la réception, Yann et Maël à ma gauche et à ma droite ; avant de quitter la maison avec Maël, j'ai choisi les vêtements pour la mise en bière comme on me l'avait demandé : le costume gris que je préfère, la chemise douce et la cravate Hermès à dominante jaune, si légère, si gaie. Bref, la tenue dans laquelle il est le plus sexy. Maël, très doucement, tente un « Tu ne prends pas un jean et un Lacoste ? » je sais que c'est comme cela qu'il aime son père, mais non, moi je l'ai toujours adoré dans ses costumes conformes, mais légèrement décalés, pas gris anthracite comme tous ces banquiers et financiers, moutons et vendus, mais avec une douceur inhabituelle pour lui… et qui lui va si bien. Je l'aime aussi en jean et en Lacoste, ou en tenue intégrale de motard BMW, ou en parachutiste, il est beau, il est sexe, il s'éclate. Mais non, on ne doit pas être incinéré dans sa tenue de détente, trop banal pour la mort, pas digne de cet événement final…

Bref, je suis assise à ce bureau pour choisir comment aura lieu la mise en bière et le départ au Père Lachaise. Et tout à coup, la dame, aimable et pleine de compassion – je le ressens fort et j'apprécie – dit : et les chaussures ? Et là, je suis sidérée, moi qui me tenais bien devant mes fils, qui assumais depuis tant de jours mon rôle d'épouse responsable, la tête sur les épaules, les épaules larges, je m'effondre à l'instant, j'ai oublié ses Church's, ses Church's adorées, je ne savais pas qu'on mettait les gens dans des cercueils avec leurs chaussures, personne ne m'a appris ça, aucun bouquin, et tout s'écroule, je redeviens si petite, lamentable, effondrée, et je pleure, je ne peux pas m'arrêter de pleurer, comment j'ai pu oublier, moi qui pense à tout ? Et Yann et Maël deviennent les adultes responsables et compréhensifs, si gentils, et interviennent : « c'est rien maman », « c'est pas grave », « ça n'a aucune importance ». Mais si ! Cela m'effondre ! Comment j'ai pu oublier ? Mais oui, en effet, ça n'a aucune importance, il est mort, il s'en fout, il ne le saura pas. Il sera dans son cercueil en chaussettes, comme le minable qu'il était, que nous étions réellement…

La mise en bière

Il est allongé dans un cercueil.

C'est la mise en bière avant le départ pour le Père Lachaise et l'incinération. C'est LA CÉRÉMONIE ; nous avons décidé, Yann, Maël et moi, qui serait invité. Maël a géré. Nous retrouvons les proches, soit au café où je suis allée, quelques soirs du long coma, enfin manger, tellement faim, et en manque de tout, soit devant la morgue où je croise une des internes qui ne peut s'empêcher d'avoir des larmes plein les yeux – ça me touche, mais c'est trop tard, fallait faire ton boulot… –

Nous entrons tous dans la morgue, un espace au fond nous est attribué. Le cercueil est là, Jean-Claude y est allongé, Jean-Claude, vraiment ? Non, ce n'est pas lui ! Ces salopards, après l'avoir charcuté, maintenu en vie artificiellement, assassiné avec notre simili consentement, l'ont foutu là, à la morgue, méconnaissable, car on ne gaspille pas un appareil de dialyse pendant des jours inutiles ; il est tout gonflé d'eau, avec les litres qu'ils ont dû lui injecter pour arrêter son cœur, eux-mêmes n'en revenaient pas, 3 seringues successives et son cœur ralentissait puis redémarrait sous mes doigts, ils ne voulaient pas qu'on voie le moniteur cardiaque, ils l'avaient éteint, mais moi, j'ai pris son pouls pour tout suivre, pendant 9 heures, et j'ai su à l'instant où son cœur a eu son dernier grand battement puis arrêt, j'ai couru pour voir le monitoring du bloc infirmier, et j'ai vu, oui, c'est plat, je suis revenue en courant, il était 3 h 45 du matin et son cœur a envoyé un grand coup dans sa poitrine sous ma paume, c'était la fin, officielle… mais son cerveau, comment fonctionnait-il dans le coma artificiel, il m'entendait ? Il réagissait aux caresses ? aux sons que je lui adressais ? aux messages des titous qui lui disaient qu'ils l'aimaient ? aux messages des amis qui l'attendaient dans leur vie ? Il vivait des rêves ? Il s'est arrêté en même temps que son cœur ? avant ou après ?

Bon, dans son cercueil, il est là, mais ce n'est pas lui, du tout, rien à voir. Je ne peux pas le reconnaître. Et les autres ? J'ai honte ! J'ai emmené Catherine il y a quelques jours le voir en réa, parce que je savais bien que c'était la fin et que j'avais besoin de soutien et j'ai eu si honte, on voyait qu'il était mourant, sa bouche ouverte sur le tube réanimateur, ses lèvres desséchées et sa langue comme un cuir – je l'ai touchée un jour et je me suis dit « c'est impossible de se réveiller avec une langue aussi morte, quelle souffrance », pourquoi on ne met pas en France la partie carrée qui cache et protège la bouche, comme dans les films américains ?

Là, à côté du cercueil, assise sur une chaise, je m'accroche au rebord à deux mains, je me dis, c'est Toto, mais non, ce n'est pas lui, il n'est plus là, mais si, c'est son corps, mais non, on va le brûler parce que ce n'est plus lui, et de toute manière je ne le reconnais plus, j'ai honte, que vont penser les enfants, les amis de ce corps grotesque, gonflé à mort ? Et brutalement, c'est trop, je me lève, je vois mon frère, je m'accroche à son cou, « Non, je ne veux pas ! », « Non, je ne veux pas ! » et je fais un malaise, mes jambes lâchent, je le sens, non, je veux rester digne pour Yann et Maël, mais où sont-ils, je ne les vois pas, je ne vois personne et personne ne m'aide, on m'assoit sur une chaise, je suis effondrée, c'est moi qui suis morte, je le sais. Et d'un coup, Richard devant moi, Annie à ma droite, une force commune, les mains de Richard serrent les miennes, ses yeux dans mes yeux, il ne me lâche pas, il me communique quelque chose que j'accepte, que je reçois, je m'accroche à ce regard, et à la force de pression sur mes mains, j'entends une parole, mais je ne comprends pas, je fixe les yeux et remonte…

Et ensuite, Pascal, l'étudiant adoré de Toto, prend le lead – comment est-ce possible, je ne comprends pas ce qui se passe – il nous met en cercle debout et chante, bouge, rythme la douleur ; c'est magique, tout le monde participe et communique, alors qu'avant, chacun était enfermé dans sa douleur. Et je pense : « Toto, tu avais raison, Pascal, c'est quelqu'un ! » Il sait ce qu'il nous faut, au groupe, à chacun pour attendre le scellement du cercueil, le corbillard très en retard.

Et je vois Stéphane et Valérie, assis à l'écart, effondrés, isolés, et je ne comprends pas qu'ils me laissent seule.

Et Annie m'emmène aux toilettes et, devant les lavabos, me dit, avec son visage ouvert et souriant « tu veux bien être ma sœur ? je rêve d'en avoir une autre »

Et je vais m'accrocher pendant des mois à ce regard de Richard, à la poigne qui a serré mes mains, à cette promesse d'Annie « je suis sa sœur » pour continuer, pour être là…

La cérémonie au Père Lachaise est belle. Digne et limitée aux gens que nous avons choisis. Tous, ou presque, nous ont accompagnés, à leur façon, dans ce long cauchemar.

Il n'y a là que des êtres que tu aimais. Et qui te le rendaient bien. D'autres, peu nombreux, parviennent à se glisser dans l'assistance. Rien de grave. Nous sommes soucieux de gommer le côté « homme public » de ces obsèques empreintes, de bout en bout, d'une grande sincérité.

Une demi-douzaine de ces invités prend la parole afin de te rendre hommage. Avant ton grand départ.

Chaque intervention m'émeut à l'extrême. Tous connaissaient si bien une partie de toi. La dernière intervention est celle de Jacques, ton ultime ami, en termes d'antériorité s'entend. Votre découverte mutuelle, riche et inattendue, s'est opérée quelques mois avant ta mort. Un paradoxe quand on sait que je ne l'avais jamais rencontré avant la veille de ton décès. Ce jour-là, il était venu à l'hôpital et nous avions enfin pu échanger lui et moi, pendant cinq heures. J'étais ressortie de notre discussion rassérénée et triste à la fois.

Jacques m'avait expliqué qu'il menait une démarche parallèle à la mienne pour te convaincre de changer de vie. J'étais alors tombée des nues. Et pour cause, Toto, tu ne m'en avais jamais rien dit. L'entreprise était en voie de réussite selon lui.

« Je crois que j'ai été pour Jean-Claude un confident, avoue-t-il au micro. Une sorte d'ami qu'il ne s'était, jusque-là, jamais accordé d'avoir. Car c'était un guerrier. Je dirais même, plutôt, un chevalier. Toujours prêt à défendre la veuve et l'orphelin. Il se levait pour ceux qu'il aimait, au son du clairon de combat. Pour gagner ses galons et mener une revanche sur la vie. Je n'ai pas le sentiment qu'il se levait pour lui. Car son amour et sa générosité étaient tellement forts qu'il s'est oublié. Jean-Claude avait construit une forteresse, afin de protéger son univers. Et cela depuis tellement longtemps qu'il ne savait plus vivre en dehors. Il n'avait pas souvenir d'avoir, ne serait-ce qu'une fois, ôté son armure qui le protégeait des agressions du monde. Ni d'avoir su vivre sans mur, sans ennemis, sans combat. Simplement au fil de l'eau, en se laissant porter. Car il était victime de sa grandeur d'âme. »

Et de conclure :

« Pourtant, depuis quelque temps, Jean-Claude avait changé. Nous parlions davantage de l'avenir. Il devenait chaque jour plus souriant, plus léger, mais avait aussi des moments de gravité. Comme ce jour où il m'a confié : "Tu sais Jacques, j'ai des choses à finir avant de me lancer dans ma nouvelle vie. J'ai fait le tour de l'ancienne et j'en ai conclu avoir été, trop souvent, très maladroit. Au point de blesser parfois. Je ne cherche pas d'excuse, mais j'ai souvent agi en réponse à la pression. Sans jamais pouvoir prendre le recul nécessaire. Mes pensées, mes réactions, mes jugements ont été guidés par cette existence de combat. Aujourd'hui, je me rends compte qu'il y a beaucoup de choses que j'aurais dû dire à ceux que j'aime." »

J'apprécie chacun des discours, parlant de toi de manière si juste. Celui de Stéphane, mon frère de cœur, chef d'entreprise devenu si proche de nous, avec son épouse Valérie, résume bien ta personnalité.

« Jean-Claude avait son grand homme : Albert Camus. Celui-ci disait : "Ne marchez pas derrière moi ; je ne sais pas mener. Ne marchez pas devant moi ; je ne peux pas suivre. Marchez simplement à côté de moi et soyons amis."

C'était Jean-Claude. Il incarnait tellement la vie, la joie, l'acharnement, la vitesse, l'excès en tout. Tel *L'Homme pressé* de Paul Morand. C'était un homme hors normes. Hors du commun. »

Et de terminer son propos, comme il l'avait commencé, avec Camus. « Qu'est-ce que le bonheur, sinon l'accord vrai entre un homme et l'existence qu'il mène ? »

Je retiens, enfin, quelques jolies phrases émanant de Pascal, ton étudiant préféré au CNAM, devenu ami de notre famille. Lui choisit le registre de l'anecdote, pour mieux brosser les grands traits de ton caractère. « Par un beau dimanche de fin d'été, dans ta Bretagne d'adoption, nous terminions de déjeuner avant d'aller nous baigner à la plage toute proche – dans une eau à 17 degrés, mais comment ne pas t'y suivre ? — En une heure trente passée dans l'eau parmi nous, heureux et enjoué, tu as trouvé le moyen de disparaître à plusieurs reprises. Pourquoi ? Pour préparer une réunion, capitale, dont le but était de sauver plusieurs entreprises. Des emplois, des femmes, des hommes, des familles. C'était ta vie. Merci pour eux, Jean-Claude, qui ne peuvent t'exprimer leur reconnaissance. Parce qu'ils ne savent même pas qu'ils te doivent la continuité de leur travail. »

En définitive, juste 300 personnes passent, plus ou moins longtemps, par le funérarium du Père Lachaise en cette journée de fin octobre.

Tu n'es plus là.

Il est temps de fermer JCP Conseils. J'accompagne puis licencie ta collaboratrice. Récupère, collecte et classe les dossiers. Achève les en-cours et fait rentrer les impayés.

Un travail de bénédictin.

Où est-ce que je puise cette énergie ? Je suis une sorte de zombie confinée dans sa douleur. Mais comme toujours, je dissocie : l'action d'un côté, la douleur et la fatigue de l'autre.

Bien plus tard vient le tour de tes vêtements, dont tu étais si fier. Costumes, vestes en peau, blousons de cuir, chemises et cravates, que tu choisissais avec tant de soin. Yann et Maël en acceptent une large part. Mais pas les cravates. Tu t'en doutes. Aucun de nos fils n'en porte jamais. Je me refuse à les disperser.

Je choisis donc de les exploiter en vue d'une création originale : deux œuvres textiles. Petit à petit, en quelques mois, je confectionne ces ouvrages en cousant entre elles et sur une toile de bâche tes dizaines de cravates. Aucune couture visible. Je me dis : »Quand Toto reviendra, il me suffira d'enlever les fils pour les récupérer ».

Me voici convertie en une sorte de Pénélope attendant le retour de Jean-Claude.

Je baptise mes créations : *Demain, cravate ou nœud papillon ?* et *J'me suis bien occupée de tes cravates !*

(Photos 29 et 30)

Mon inspiration, entre volonté initiale et réalisation finale, prendra un an. Je finirai par publier ces œuvres sur les réseaux sociaux, pour voir. Les amis réagissent avec émotion, de manière incroyable.

Mais ça tourne en boucle dans ma tête :

Tes cravates

Tu es mort depuis 15 jours Toto, mort ? Pas là plutôt… mort, je ne comprends pas. Ça veut dire pas là ? Pour TOUJOURS ? Impossible !

Je suis anéantie, atterrée, vidée, y a-t-il un mot dans la langue française pour dire ?

Je ne comprends pas, c'est quoi ce rien ?

Pourquoi je suis seule dans la maison, tu es où ? Je ne me souviens plus quand tu dois rentrer…

J'ai mal, je souffre tellement, jamais, même l'accouchement sans péridurale, rien à côté…

Je suis sonnée, tellement sonnée que je ne m'en rends même pas compte… je suis où ? Dans un monde parallèle où tu n'es pas ? Mais c'est quoi ce bordel ? Putain, ce n'est pas ce qu'on avait décidé ! TOUT, ensemble, pour toujours, l'un pour l'autre, on s'aide ! mais tu m'aides à quoi là ? Tu es où d'ailleurs ? Je n'y comprends rien…

Je suis dans une pièce, recroquevillée sur moi, plus aucun stimulus ne me parvient, je ne vois rien, je n'entends rien… je suis morte ? Et je ne le sais pas ?

Je change de pièce, j'ai peur sur le pas de la porte… il y a quoi derrière ? C'est vide partout comme ça ? Tu es où toto ?

Je dois faire des choses, parler à des gens, répondre, remplir des papiers, bon OK, je le fais… mon cerveau sait le faire, je gère, j'ai l'habitude… mais moi, où je suis ? disparue ? pour toujours ? Je suis morte ? J'aimerais bien, ça doit faire du bien, plus rien, du calme pour toujours, oui je veux mourir aussi, on se retrouvera peut-être quelque part, on n'a jamais cru ça, mais si on s'était trompé ? C'est sûr, on était juste cons, et on s'était trompé, je n'ai qu'à mourir aussi et on se retrouve !

Non, parce que je ne peux pas rester seule, je n'ai jamais été seule, pas une journée de ma vie, non, je ne peux pas être seule, j'ai peur, me laisse pas !

Mourir ? je suis déjà morte, ça doit pas changer grand-chose… mais Yann et Maël, les pauvres… ils ont l'air si mal en point… je peux leur faire ça en plus ? et les titous ? Ah non ! Ce serait trop, trop, pas le droit…

Toto, je donne tes vestes, tes pulls les plus beaux à Yann et Maël, OK ? Tu les as bien achetés pour eux ? je le savais… ils sont tellement beaux avec tes vêtements, et c'est bizarre, ils sont différents de toi…

Mais tout ce qu'il reste ! je vais faire quoi ? Non, je garde tes costumes et tes chemises, parce que ça te manquera trop quand tu vas rentrer ! tu vas m'engueuler, c'est sûr ! ou alors, je les donnerai plus tard, quand tu ne seras pas rentré ? oui, voilà ! on verra, un jour…

Mais tes cravates ? Ha là, NON ! pas tes cravates sur d'autres personnes, NON ! je suis la gardienne des cravates !

Il ne faut pas les disperser ! je vais les coudre ensemble, personne ne pourra les prendre ! Faire des toiles avec, les œuvres d'artiste, c'est pour toujours, voilà, je vais les coudre ensemble, faire une œuvre ou plusieurs, y'en a tellement ! Je les couds ensemble en faisant une autre grande forme, c'est chouette, personne ne pourra te les prendre, je suis la gardienne des cravates ! parce que je sais que tu t'en fous du reste, les chemises et les costumes de boulot, les jeans et les Lacoste, les pulls et les vestes en cuir, les affaires de sport et de moto… mais les cravates ! non, c'est à toi, c'est TOI, tu les aimes tellement ! elles sont si douces, si belles, toutes ces couleurs ! on peut les classer, ça fait toute la gamme des couleurs, plus encore que mes pots de peinture… bon, je m'y mets, je vais y arriver, les coudre ensemble, les sauver, les garder, les conserver, c'est toi… je couds, je couds, je couds, ne rien abîmer, les attacher ensemble sans que cela ne se voit, faire une autre grande forme, une œuvre ! et puis, ne rien abîmer, il suffira de couper les fils quand tu rentreras et tu seras super content, parce que j'aurai sauvé toutes tes cravates ! il suffira de couper les fils et elles seront intactes ! je couds, je couds, je couds, derrière, juste derrière, on ne voit rien, ça tient tout ensemble, et je sais bien que quand j'aurais fini, tu ouvriras la porte : « Pascale ! me voilà ! je viens d'arriver ! » alors je couds, je couds, je découds, c'est trop mal fait, je recouds, je couds, je découds, je recouds et je sais bien que tu vas rentrer dès que j'aurais fini, juste pour me dire « Merci, tu as bien pris bien soin de mes cravates ! »

Au mois de juillet suivant, nous décidons avec Yann et Maël de choisir le lieu où nous disperserons tes cendres. Très vite, l'évidence s'impose à nous trois. Ce sera dans la mer. L'élément dont tu étais fou amoureux, Toto. Ne t'avouais-tu pas, dès nos années de jeunesse, être extatique devant la beauté des îles grecques ?

Ensemble, nous optons pour le fond du port de l'île de Houat, face à la digue, à l'endroit même où tu pouvais rester immobile, seul, parce que ce site magnifique te rappelait les Cyclades.

Côte à côte, tous les trois, nous attendons que l'océan arrive. Puis nous lui confions tes cendres afin qu'il les emporte dans cette petite crique que tu chérissais.

Quelques jours plus tôt, mue par je ne sais quelle impulsion, j'ai commencé un tableau : une énorme tache rose envahissant un fond vert. Pourquoi ces couleurs et cette forme qui ne correspondent à rien dans ma production ? Je suis alors incapable de l'expliquer. Je sais juste que c'est plus fort que moi.

En regardant tes cendres se disperser dans l'eau, Yann s'exclame : « Maman, c'est ta toile ! » Nous sommes saisis.

Je m'attelle donc à la reprendre, l'achève et la baptise *Dispersion 1.* (Photo 31)

Ma psy, à laquelle je décris ce curieux phénomène, m'explique que je suis parvenue à anticiper, par une image, ce que j'allais vivre un peu plus tard, que mon inconscient m'a ainsi préparée à ce que je m'apprêtais à vivre.

Depuis, avec l'aide d'un pro de la photo, j'ai entrepris de produire une série de clichés puis de toiles peintes dans une série intitulée elle aussi *Dispersion.*

À la fin de 2018, j'achève des tableaux déclinés autour d'un code couleur inventé à l'hôpital. Ce dernier symbolise pour moi la maladie et la réanimation : jaune pour les fortes lumières, rose pour ta peau, rouge pour le sang, bleu pour la décoration infecte des murs de chambres et violet pour la mort.

L'évidence m'apparaît, enfin, par un beau matin : mon travail de deuil passe par la création artistique. Pourquoi ? Parce que j'ai besoin de transmettre mes émotions aux autres et qu'ainsi, je me soigne.

Pendant plus de trois années, séries de peintures, livre d'artiste, œuvres diverses et expositions se succèdent, dont la dernière dans les cryptes de l'église de la Madeleine. Au fur et à mesure se forge ma conviction : tout cela doit s'achever par un livre.

La boucle est bouclée…

Après la cérémonie, et tout au long de cette période si créative, le « lien magique », post mortem, entre nous s'est renforcé. Outre la dépression et l'effondrement, je me sens aussi très angoissée. Sans trop comprendre pourquoi.

Un matin, j'ai une sorte d'illumination : au terme de tes vingt-quatre jours de coma, tu ne savais tout simplement pas que tu étais mort. Pour un meneur d'hommes, un décideur comme toi, cette situation paraît inacceptable : comment te le faire comprendre ?

Je sens ta présence, près de moi. Presque en permanence.

Un lundi soir, je me couche. La télé est restée en mode « veille » depuis ton départ. Réveillée en sursaut, à 3 h 45 du matin, j'entends des bruits dans la maison. Intriguée, et prenant mon courage à deux mains, je descends. La télévision déroule ses programmes.

Immédiatement, je pense : « Toto, je sais que tu es là ». Mais le phénomène prend de l'ampleur. Dans notre chambre, pendant quatre mois, la lumière du variateur va se mettre à évoluer de manière autonome. Elle ne l'avait jamais fait avant… et ne l'a jamais plus refait depuis. Je finirai par quitter cette pièce et ne plus l'utiliser que comme dressing ou pour y faire mon yoga, et je m'installe dans ton ancien bureau.

À l'évidence, tu as trouvé un moyen de continuer à communiquer avec moi. Avec bienveillance. Juste pour me dire, en quelque sorte, « Pascale, je suis toujours là. À tes côtés ».

Avec le recul, je pense que cet entre-deux, à la fois très anxiogène et, dans une certaine mesure, rassurant pour moi, correspond au laps de temps nécessaire qu'il t'a fallu, Jean-Claude, pour accepter ton décès.

De mon côté, le processus a été beaucoup plus long.

Épilogue

Ton départ, Toto, a eu des effets aussi insidieux qu'irréparables : il a disloqué notre famille. Le groupe tel qu'il était n'existe plus. L'empressement, la proximité et l'incroyable compassion, témoignés par Yann et Maël à mon égard aux heures les plus sombres de ton agonie, ont évolué au fil du temps. La vie ayant repris ses droits, chacun poursuit son propre chemin dans son coin, accompagné des siens. Même si les petits-enfants restent de charmants traits d'union entre nous tous et que certains moments de dialogue avec mes fils restent intenses.

Pourtant, j'ai retrouvé l'espérance ainsi qu'une certaine forme de bonheur, et pour de bonnes raisons. Peu de temps encore après ton décès, j'étais seule. Irrémédiablement. Ce n'est plus le cas à cette heure. La nouveauté réside dans un constat majeur : depuis que j'ai achevé mon deuil, tu es tout le temps près de moi, Jean-Claude. Comment en suis-je arrivée là ? Je ne saurais l'expliquer. Pourtant, les exemples attestant de ta présence, constante et protectrice à mes côtés sont innombrables.

Aujourd'hui, j'ai l'impression, physique, d'avoir un ange gardien et de maintenir un dialogue constant, *post-mortem*, avec lui. Qui d'autre que toi mettrait ainsi un point d'honneur à m'apporter toutes les bonnes choses possibles et imaginables auxquelles j'aspire, et ce, toujours au bon moment ?

Énième paradoxe : pour la première fois, au terme de toutes ces années passées ensemble, j'ai le sentiment que tu t'occupes vraiment de moi, avec une évidente efficacité. Au moment où j'écris ces ultimes lignes, je sais avoir enfin trouvé le Toto auquel j'avais fini par renoncer. Une forme de plénitude que je n'aurais jamais osé espérer.

Cette sensation, parfois puissante, se manifeste même de manière palpable. Comme si une force enserrait ma main droite ou mon poignet. *Illico*, l'état d'anxiété, assez fréquent pourtant, qui m'assaille disparaît alors. Qui le croirait ?

Le dernier témoignage en date de ta présence n'est pas le moins édifiant. J'ai commencé à chercher ma future maison, à Nantes, au mois de février 2021. Sans trop de succès. J'y suis retournée en avril où, quelques heures avant de regagner Paris, j'ai découvert les photos d'une demeure, sise au 3, place de la Nation – après le 3, place Rouffy de Draveil – qui m'ont séduite. À l'instant même, j'ai tout de suite su que cette bâtisse était dessinée pour moi et dépassait même mes attentes, ou les exigences de mon cahier des charges. Les amis auxquels je les ai transmises se sont montrés unanimes : « C'est ta maison, Pascale, elle te ressemble, elle est faite pour toi », m'ont-ils affirmé en chœur. Aucun hasard possible à mes yeux : située à côté de la rue des droits de l'homme et de l'arrêt de Tram *Égalité,* dans l'ancien quartier rouge de la ville, c'est toi Toto !

Mon exposition de départ, chez nous, avant de quitter Draveil et la place Rouffy ? Idem. L'objectif initial se limitait à prendre congé, dignement, de mes collectionneurs et amis. Mais de là à imaginer semblable succès…

Ainsi donc, les faits sont têtus : depuis un an, il me suffit d'envisager de faire, ou d'esquisser les grandes lignes de projets pour que ceux-ci prennent corps et se réalisent, presque sans ma participation. Les choses s'exécutent désormais naturellement et en douceur. Un phénomène guère habituel tout au long de ma vie. Comme si, en disparaissant, tu m'avais, Jean-Claude, libérée puis renvoyée, enfin, à ce que je suis vraiment au plus profond de ma personnalité.

Auparavant, j'étais toujours en veille, tournée vers une forme de quête perpétuelle de tout ce qui pouvait représenter le mieux pour toi. Pour une raison simple : tu étais ma priorité parce que ton action personnelle dépassait, par son importance, ce que j'avais pu entreprendre pendant ma propre existence. Aujourd'hui, je suis seule, certes, mais l'ensemble de mes actes se résume à mon « *moi* ». Ils sont devenus, dirais-je, « *complètement mo*i » et, à ce titre, beaucoup plus simples à mener.

En tant que résilient, Jean-Claude, la plupart de ceux qui ont croisé ta route t'ont parfaitement perçu pour ce que tu es : d'abord, un aidant. Une constante chez toi. Avant même d'aller plus loin dans la caractérisation de ce que fut ton existence, ce simple constat permet déjà de comprendre pourquoi, dans bien des cas, cette rencontre a pu changer leurs vies. Tu as choisi différentes voies pour ça : la psychanalyse, afin de soulager les âmes, la politique, en vertu de ton obsession d'améliorer la société, l'économie, à la rescousse d'entreprises, mais surtout d'emplois, de salariés et de foyers… Autant de missions que tu t'étais assignées, de longue date, ont ainsi été accomplies. Mais à quel prix, vis-à-vis de nous, ta famille, en termes de distance voire –, pire – d'absence !

La vérité, dit-on, sort de la bouche des enfants. La petite Lilou, à 3 ans, l'a parfaitement résumé un jour, tandis que je faisais couler son bain, en me demandant soudain, à la porte de ton bureau : « Et pourquoi Toto ne s'occupe jamais de moi ? ». Que répondre à tant d'innocence, sinon que tu t'occupes déjà de l'humanité entière, de la planète, et que cela ne te laisse guère de temps pour t'intéresser à nous ? Notre amour t'étant acquis, sans doute n'existons-nous pas assez à tes yeux.

Aidant tu le fus, Jean-Claude, et durant toute ta vie, mais si loin des tiens. Je sais aujourd'hui, grâce à Jacques, que tu as regretté, au soir de ton parcours terrestre, ne pas nous avoir exprimé ta tendresse. Tu m'as avoué aussi que Maël et toi vous étiez enfin trouvés. Après son ultime visite à ton chevet et l'entretien en tête à tête, quelques heures avant ta plongée dans le coma, tu m'as confié : « Notre fils est un type bien et un père formidable ». Cette confession, soufflée à mon oreille sur ton lit de mort, m'a un peu rassérénée. Sans pour autant me satisfaire. Le sentiment que tu avais emporté avec toi tant de choses, essentielles pour nous, mais non dites, a donc, hélas, continué de me hanter.

C'est la raison pour laquelle ta présence permanente, aujourd'hui, à mes côtés constitue une bienfaisante compensation pour moi. Tardive certes, mais, j'ose l'affirmer, méritée. Il n'en demeure pas moins vrai que j'aurais échoué sur l'essentiel : te sortir enfin de ton profond mal-être qui venait de si loin. Cette blessure-là, lancinante, ne se refermera jamais. La frustration reste d'autant plus vive que lorsque j'aime une personne, avec la certitude de pouvoir contribuer à réparer son âme, je vis très mal de continuer à la voir souffrir. On ne se refait pas, et ce fut particulièrement vrai à propos de toi, Toto.

Cela ne nous aura pas empêchés de partager de nombreux moments de bonheur, de convivialité et d'amitié exceptionnels en compagnie des gens qui ont jalonné notre presque demi-siècle de vie commune. Ainsi, cet itinéraire, plein de rencontres, de complicités et de passions, avec pour préoccupation essentielle la volonté de mieux connaître et comprendre pour les aider, ceux que nous avons côtoyés, je vais le poursuivre, Jean-Claude. À Paris, Kerdrecan, Nantes ou ailleurs, ici est mon chemin.

Nous continuerons donc à le parcourir ensemble : toi et moi, unis comme jamais.

Ta main dans ma main, comme toujours.

Les tourterelles

Un poteau électrique au centre de notre terrain conduit les câbles à travers le parc, jusqu'au transformateur desservant le lieu-dit. Sur les câbles, contre le poteau, la situation est la plus élevée du jardin et c'est là que s'installe, chaque jour, notre couple de tourterelles. Toujours tournées vers l'ouest, du réveil au coucher du soleil, elles contemplent calmement leur univers. Le mâle au plus proche du poteau, la femelle au plus près du mâle. Elles s'approchent l'une de l'autre, aile contre aile, puis la femelle recule de quelques petits pas, se rapproche de nouveau.

Quand le soleil se couche, elles rejoignent leur nid dans le grand laurier et, si nous passons sur le chemin, sous l'arbre, après cette heure, nous sommes repoussés par des piaillements et de grands cris de protestation.

Nous prenons le petit-déjeuner, le déjeuner et le dîner en les regardant, comme un couple d'amis colocataires. Leur calme et le sentiment d'attachement fusionnel qui émanent d'elles nous émeuvent.

Les mois et les saisons avancent, ainsi, avec leur présence. Puis, un matin, nous découvrons la femelle seule à son poste. Elle semble désemparée, tourne sa petite tête de droite à gauche. Où est le tourtereau ? Est-il parti ? Est-il mort ? Au fil des jours qui passent, je ne cesse de m'interroger : que ressent-elle ? Que va-t-elle devenir seule ? Un sentiment de profonde tristesse et d'empathie m'envahit et va croissant. Jean-Claude est triste lui aussi. Les tourterelles demeurent leur vie ensemble et côte à côte. C'est la loi de la nature.

Maintenant, je comprends le désarroi ressenti… et sa raison.

Kerdrecan, en juin 2019

Tous mes remerciements à chacune des personnes qui nous ont apporté de l'aide durant les épreuves de nos vies.

Une pensée particulière à toutes celles qui nous ont fait confiance et ont soutenu nos actions.

La liste est trop longue pour les nommer ici.

Annexe 1
Les photos

1 – En 1977

2 – Neuvillettes après le décès de pépé

3 – Père Simon

4 – Père Simon avec JC à Neuvillettes

5 – Mémé et JC bébé

6 – JC avant et après la coupe de cheveux

7 – JC au dispensaire, à l'âge de 7 ans

8 – JC et ses parents devant Neuvillettes avant restauration

9 – JC lisant devant Neuvillettes assis avec son père

10 – À La Bourboule avec Gilles et mes parents

11 – Le dessin et moi, avec Gilles

12 – Adolescente

13 – Tous les quatre, en 1983

14 – En 1987, la promotion BdF à Ragny – JC à gauche

15 – 1992, Amorgos

16 – Installation de mon agence place Rouffy

17 – 2001 : Aux Houlaies

18 – En 2003

19 – 2004 : Sauts à Brienne

20 – 2003 : La Bordée dans le Golfe

21 – Le Tibet, camp de base de l'Himalaya

22 – Navigation dans le Morbihan

23 – Psychanalyste

24 – 2008 : Les deux frères

25 – Au début de la Médiation du Crédit

26 – 2012 : Remise de l'Ordre du Mérite

27 – 2014 : Exposition à Shanghaï

28– Premières vacances des cousins à Kerdrecan

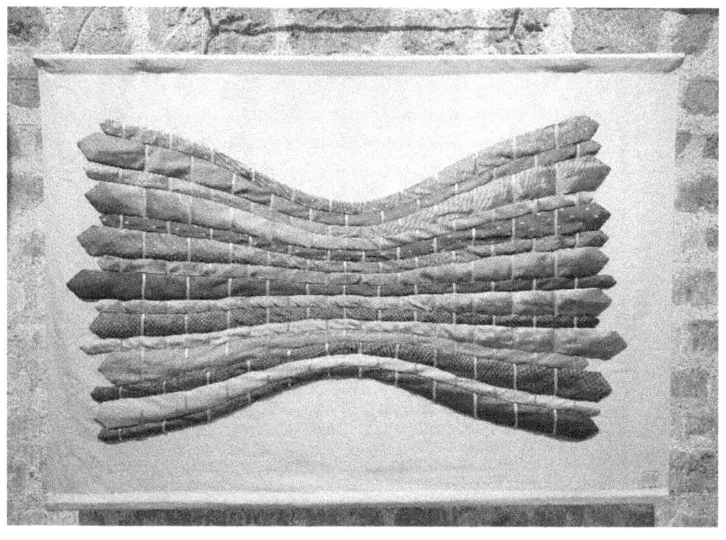

29 – *Demain, cravate ou nœud papillon ?*

30 – *J'me suis bien occupée de tes cravates !*

31 – Dispersion 1 – acrylique sur toile 100x100

Annexe 2
Les textes de Jean-Claude

10 décembre 1997

Internet et l'offensive commerciale et politique US

Les États-Unis se sont engagés depuis l'élection de Bill Clinton dans ce que les économistes appellent la « reconfiguration » de l'économie américaine. Le réseau Internet est aujourd'hui le vecteur de cette reconfiguration.

Cette orientation a été élaborée au plus haut sommet de l'État puisque le vice-président Al Gore s'est lui-même beaucoup investi dans la promotion du réseau Internet ainsi que dans les dérégulations nécessaires au développement du commerce électronique.

Quelques éléments sur cette offensive.

Il s'agit d'un repositionnement stratégique de l'industrie et des services américains tant sur le sol national que sur le marché mondial. L'objet est de repositionner les entreprises US sur des segments, si possible à forte valeur ajoutée, des filières de production et de distribution. Ainsi, devenir le spécialiste de tel ou tel segment d'activité permet, sur la base d'un premier développement national, d'attaquer ensuite ces mêmes filières dans les autres pays ou régions du monde entier.

Internet est le vecteur de cette offensive. Il s'agit d'un monde certes « virtuel », mais surtout international, où n'existe ni réglementation, ni protection sociale, ni protection des consommateurs, ni fiscalité, bref un monde totalement dérégulé. Voilà les raisons de l'intérêt des USA pour Internet, support du commerce et de la monnaie électroniques. Les aspects techniques (temps réel, coûts) sont certes importants, mais n'expliquent pas à eux seuls cette nouvelle appétence des USA.

Les besoins de développement des activités économiques totalement dérégulées de l'impérialiste US trouvent là une source de rentabilité fantastique dont l'origine est la destruction des filières de production et des réglementations nationales, à commencer par celles existant aux USA. L'OMC et le FMI sont bien sûr les instances dans lesquelles les représentants US se battent pour obtenir les déréglementations nécessaires au développement de ces activités.

La monnaie électronique : un enjeu fondamental

La monnaie électronique se présente sous deux formes. Celle de cartes de paiement préchargées permettant de petits achats (c'est une carte « téléphone » multi-usage) ou celle de monnaie enregistrée dans un disque dur d'ordinateur et servant à régler des achats sur Internet. Les Américains défendent dans les réunions du G10, et cette position est maintenant reprise par la Commission dans les réunions européennes, la position que cette monnaie puisse être émise par des non-banques.

C'est une question fondamentale, car à ce jour seules les banques peuvent émettre (créer) de la monnaie et c'est justement parce que cette marchandise présente des caractéristiques particulières (sécurité pour les détenteurs et droits de seigneuriage pour les émetteurs) qu'elle est régulée et contrôlée. Ces réglementations et ces contrôles constituent des coûts pour les établissements bancaires et, venant ainsi majorer le coût du capital, conduisent à diminuer leur rentabilité financière.

Les non-banques, c'est-à-dire les groupes industriels US, cherchent à se développer sur cette activité qui leur a échappé jusqu'à présent et dont ils veulent diminuer le coût du capital pour accroître leur rentabilité financière. Cela signifie abolir les réglementations prudentielles, détruire les statuts des personnels des banques dans tous les pays, éliminer les textes protégeant les consommateurs tant pour le commerce électronique que pour les garanties attachées aux monnaies fiduciaires ou scripturales.

17 février 2008

Récession

Les derniers chiffres concernant l'économie américaine publiés le 1er février dernier montrent, pour la première fois depuis quatre ans et demi, un solde des créations d'emplois négatif.

Ainsi, ce sont 17 000 emplois au cours du mois de janvier qui ont été détruits alors même que les économistes attendaient une hausse de 75 000. De même, début février, le taux de croissance de l'activité industrielle de la région de New York est devenu négatif, pour la première fois depuis 2005. C'est dire si la vitesse de dégradation de la conjoncture américaine est rapide. Si ces données indiquent l'état des lieux en janvier dernier, la chute de l'indice des directeurs d'achats américains appelé ISM (Institue for Supply Management) – indice qui montre le degré de confiance dans l'avenir et qui a montré des qualités prédictives indéniables sur l'évolution de la conjoncture – est considérable. Selon les premiers calculs de l'Université du Michigan, l'indice de confiance des consommateurs est en plein plongeon lui aussi, alors même que la consommation est regardée aux États-Unis comme la clé de voûte de l'économie.

Les États-Unis sont au bord de la récession (ils y sont déjà probablement rentrés puisque la croissance a été négative au 4° trimestre 2007, mais la définition statistique de la récession est un taux de croissance négatif 2 trimestres de suite), les scénarios les plus noirs paraissent de plus en plus plausibles, la banque centrale américaine panique et baisse de 125 points de base son taux d'intérêt en l'espace de moins de dix jours, le portant de 4,25 % à 3 %.

Alan Greenspan, l'ancien président de la Banque centrale américaine, la FED, a notamment déclaré la semaine dernière que la question n'était pas de savoir si les États-Unis sont en récession, mais quand ils allaient en sortir et quelle serait l'ampleur du gâchis.

Il n'aura donc fallu que six mois pour que la faillite du segment le plus risqué des prêts immobiliers américains (subprime) impacte l'ensemble du marché de crédit où aujourd'hui des pans entiers de ce marché sont fermés, provoque l'effondrement des bourses de valeurs et finalement, malgré l'utilisation massive inégalée dans l'histoire de la planche à billets (baisse des taux et/ou prêts de liquidité des banques centrales aux banques), conduise l'économie américaine à la récession économique. Cette récession pourrait être très profonde : depuis juillet, la construction a perdu 27 000 emplois, l'industrie 28 000 postes et réduit le nombre d'heures par salarié, le taux d'investissement immobilier s'est effondré de 23,9 %.

La question de la vitesse de propagation de cette crise économique et de son ampleur est bien évidemment une question centrale aujourd'hui. À ce stade, et à titre de première réflexion, cet article a pour objet de montrer :

– Que la crise du marché du crédit est loin d'être terminée ;
– Qu'elle pourrait déboucher sur une récession mondiale ;
– Qui n'épargnera pas la France, bien évidemment.

1. Tsunami

La crise, sous sa forme première de crise de liquidité, est loin d'être terminée. Une crise de liquidité est une crise de confiance : les banquiers et les financiers ne se font plus confiance et n'acceptent plus de se prêter de l'argent. Les banques centrales se doivent ainsi d'intervenir pour donner l'argent dont ont besoin les acteurs financiers afin d'éviter des situations de cessation de paiement en chaîne qui conduiraient inéluctablement, compte tenu des montants en cause, à une faillite générale du système bancaire international.

Dominique Gallois, dans Le Monde des 17 et 18 février, parle ainsi de la crise des rehausseurs de crédit. Les rehausseurs de crédit sont des sociétés qui se portent caution lorsque des emprunteurs (banque, collectivité locale, entreprise) n'offrent pas toutes les garanties nécessaires au marché. Si l'emprunteur se trouve dans l'incapacité d'honorer sa dette, le rehausseur de crédit se substitue à lui. Les rehausseurs de crédit ont donc besoin, pour exercer leur métier et notamment pour emprunter à bas coût, que les agences de notation (qui jugent par un système de note la solidité financière des emprunteurs) leur attribuent la meilleure notation possible (triple A).

Dominique Gallois écrit ainsi dans un paragraphe qu'il appelle **Tsunami** :

*« Les analystes redoutent que les trois géants du secteur – MBIA, Ambac et FGIC – soient dégradés, car, par ricochet, **il en serait de même pour les 2 500 milliards de dollars de dettes qu'ils garantissent**. Cela pourrait déclencher un mouvement de vente massif et déstabiliser un peu plus les marchés du crédit. Jeudi, le gouverneur de l'État de New York, Eliot Spitzer, a estimé que le temps était compté pour sauver les rehausseurs de crédit d'un abaissement de leur notation, qui pourrait provoquer un tsunami sur le marché de la dette. »*

2 « La récession prendrait une envergure mondiale »

Quelles seraient, à court terme, les conséquences de cette aggravation de la crise financière et notamment du marché de la dette. Michael Carey, économiste au Crédit Agricole (CA ECO NEWS n° 87, 14 février 2008) explique dans un chapitre appelé « ***Le scénario noir : un vrai repoussoir…*** » :

« En cas d'aggravation de la crise financière, le credit crunch pourrait se matérialiser et le cercle d'insolvabilité s'élargir à des clientèles initialement jugées moins risquées et à des segments de crédits plus cycliques, qui feraient les frais du ralentissement sévère de l'activité. Les enchaînements de type déflationniste s'amplifieraient avec une spirale baissière liant dette, prix immobilier et

consommation. Les banques souffriraient de ces situations d'insolvabilité patentes qui les conduiraient à enregistrer à nouveau d'importantes pertes. On a vu comment la perte de confiance dans la finance titrisée a pu conduire au blocage du marché monétaire, qui a été mis sous perfusion des banques centrales. Nous assistons aujourd'hui à des tensions qui s'étendent à d'autres marchés. Les spreads[8] *des obligations privées s'inscrivent ainsi nettement en hausse et le risque de défaut des banques est sans cesse réévalué à la hausse (tensions sur les spreads de CDS).*

Dans ce contexte, on ne peut exclure un scénario dégradé avec une baisse de la plupart des valorisations d'actifs et une débâcle prolongée sur le marché du crédit. La destruction de richesse serait alors importante, plongeant l'économie américaine dans une récession profonde, pour peut-être plus d'une année. *Face à cette menace déflationniste, la Fed baisserait ses taux, avec un plancher à 1 % voire en deçà, et utiliserait, si besoin est, des mesures non conventionnelles de soutien aux prix d'actifs. La récession prendrait une envergure mondiale. »*

3… qui n'épargnera pas la France, bien évidemment

Madame Christine Lagarde, ministre de l'Économie et des Finances, a déclaré au Parlement que l'impact de la crise devrait être mineur puisque les exportations vers les États-Unis ne représentent que 8 % des exportations totales de la France.

C'est oublier un peu vite l'impact de la récession américaine sur la conjoncture des autres pays où la France exporte. Les études réalisées par la Banque Centrale Européenne montrent que l'effet « d'écho » dans la zone Euro a grandement renforcé la sensibilité des pays européens aux variations de la demande étrangère. Au total, elles indiquent qu'un ralentissement de la demande américaine de 1 % entraîne une baisse du PIB français de 0,25 %.

---

[8] Le spread est la différence entre le coût d'un emprunt fait par une entreprise et celui fait par un État.

Mais cela est loin de montrer toutes les interrelations existantes entre la France et les États-Unis en matière économique et financière. Mentionnons simplement :

– Que les banques françaises sont parmi les plus internationalisées du monde et qu'une récession américaine ne saurait bien évidemment pas se produire sans affecter profondément leurs activités ;

– Que les investissements des entreprises françaises aux États-Unis représentent 16 % du total des investissements directs français à l'étranger. À l'inverse, ceux des entreprises américaines représentent 10 % de l'ensemble des investissements des entreprises étrangères en France. La récession américaine ne pourra que conduire à la réduction des flux d'investissements et impactera donc la croissance française ;

– Que les données statistiques mettent en évidence une corrélation de plus en plus forte des cycles économiques entre la France et les États-Unis depuis les années 90. Deux explications peuvent être avancées : la forte sensibilité économique de l'Allemagne, plus grosse économie européenne, au niveau de ses exportations, la simultanéité des chocs externes rencontrés notamment les prix du pétrole et des matières premières.

***

La crise dite des « subprime », ainsi que le caractérise la résolution du Conseil Général de la IV Internationale de décembre dernier, *« constitue un nouvel épisode majeur du processus de décomposition du régime capitaliste fondé sur la propriété des moyens de production ».* Elle exprime tout à la fois l'incapacité générale de ce régime à assurer la mise en valeur des capitaux dans le cycle de production ainsi que la fin de la période 2001-2007 où l'impérialisme américain a tenté (principalement par l'ouverture à plein des vannes du crédit qui avaient été réduites depuis le début des années 80 dans le cadre de « la lutte contre l'inflation ») de faire face à la crise précédente appelée « éclatement de la bulle Internet et des nouvelles technologies ». Mais l'impérialisme ne va pas de crise en crise comme s'il s'agissait d'un simple processus automatique, récurrent, il porte à chaque fois à des niveaux supérieurs l'ensemble de ses contradictions et sa politique de destruction généralisée, conduisant sur le chemin de la misère et de la barbarie des millions et des millions d'hommes. Bien évidemment, il ne s'agit pas de mécanismes économiques autonomes, ces processus sont le produit de la lutte des classes, elles-mêmes constituées dans les processus de production.

C'est dans ce cadre que cet article a pour objet d'attirer l'attention des lecteurs de la lettre de la Commission économique sur la rapidité du changement de la conjoncture économique internationale impactée par la récession qui frappe à la porte des États-Unis.

Décembre 1997

LE RÔLE DE LA BANQUE CENTRALE EUROPÉENNE

La Banque Centrale Européenne (BCE) devrait, pour mettre en œuvre la politique monétaire, s'appuyer sur les Banques Centrales des États de la Communauté, c'est ce qu'on appelle le Système Européen des Banques Centrales (SEBC).

Les articles 107 à 109 du traité de Maastricht ainsi que l'article 7 du protocole portant sur les statuts du Système européen des Banques centrales stipulent notamment que :

– L'objectif principal du Système Européen de Banques Centrales est de maintenir la stabilité des prix. Sans préjudice de l'objectif principal de stabilité des prix, le SEBC doit soutenir les politiques économiques générales de la Communauté Européenne. Dans la poursuite de ses objectifs, le SEBC doit se conformer au principe d'une économie de marché ouverte dans un contexte de libre concurrence.

– Le Conseil des Gouverneurs de la Banque Centrale Européenne est responsable de la formulation de la politique monétaire, tandis que le Directoire est habilité à la mettre en œuvre…

AU CŒUR DE CE DISPOSITIF, DEUX PRINCIPES APPARAISSENT COMME MAJEUR : LA STABILITÉ DES PRIX ET L'INDÉPENDANCE DE LA BANQUE CENTRALE EUROPÉENNE.

1 – La stabilité des prix, de quoi s'agit-il ?

La Banque Centrale Européenne devrait, pour assurer la stabilité des prix, fixer le niveau des taux d'intérêt, c'est-à-dire le prix du crédit dans toute la zone Euro. Assurer la « stabilité des prix », c'est relever les taux d'intérêt à la moindre tension inflationniste. À l'aide du taux de refinancement des banques auprès de la BCE et des réserves obligatoires que les banques devront constituer auprès de la BCE, il s'agit de « limiter la capacité des banques à distribuer du crédit ».

En effet, le taux d'intérêt fixé par la BCE détermine la plus ou moins cherté du prix des crédits dont ont besoin les particuliers lorsqu'ils contractent des crédits à la consommation ou des crédits immobiliers et les entreprises pour leurs investissements et leurs besoins courants. Le taux de refinancement de la BCE détermine donc quasi mécaniquement, au moyen du prix de l'argent, les possibilités d'achats des agents économiques et donc, par là même, la quantité de biens achetés et le niveau de la production mise sur le marché. Les taux d'intérêt sont donc un véritable outil de détermination du niveau de l'activité productive.

Assurer la stabilité des prix, c'est donc limiter la demande et la production afin que les échanges se fassent sur les biens les moins chers, c'est-à-dire ceux pour lesquels les coûts de production sont les plus bas. Et c'est bien, en fait, l'objectif final visé par le traité de Maastricht, peser pour que les coûts de production soient les plus bas possible, c'est-à-dire peser sur les salaires, les acquis sociaux, les conventions collectives…

J. P. Petit dans l'AGEFI du 10/6/97 l'explique ainsi : « il est probable que la zone Euro sera caractérisée par un niveau de chômage élevé ainsi que par des restructurations industrielles et des réformes structurelles importantes, alors même que la marge de manœuvre des autres instruments de la politique économique autres que la politique monétaire (NDR) sera réduite ».

Mais, comme nous disent les défenseurs « de gauche » de la monnaie unique, ne s'agirait-il pas de créer une zone de « stabilité des prix » face aux autres devises, notamment le dollar ?

Jean-Michel LAMY, journaliste à l'AGEFI, analyse ainsi les propos tenus par l'ancien (et donc libre maintenant de s'exprimer clairement), Gouverneur de la Bundesbank, Karl Otto Poehl :

« Tout est dit (par K.O. Poehl) : *"Lors de la rédaction du statut de SEBC, on s'est entendu pour que les gouvernements soient compétents pour le choix du système de change. Mais la politique de change doit rester du domaine de la BCE qui sera dotée de réserves suffisantes"*. **Mais s'il s'agit de conduire une stratégie de lutte active contre la domination du dollar, c'est non ».**

L'objectif réel est donc bien derrière l'annonce de « stabilité des prix » et avec les moyens de la politique monétaire (taux d'intérêt, réserves obligatoires… et politique de change) de peser sur les coûts salariaux.

J. P. BETBEZE, l'économiste du Crédit lyonnais, le confirme également dans son article du 21/7/97 à l'AGEFI :

« … les coûts salariaux germano-français étant plus élevés (NDR que ceux des autres pays de la Communauté, notamment ceux du Sud), la reprise au "corps" ne peut être que la conséquence d'une meilleure activité à la périphérie proche (Italie, Espagne par exemple), ce qui implique dans ces pays des taux d'intérêt plus bas. Donc le centre doit encore baisser ses taux pour permettre à la détente de se diffuser dans les pays qui assureront son propre regain ».

Pour lui, la politique monétaire de la BCE vise donc, par le maniement des taux d'intérêt, à faire pression sur les pays qui ont les coûts salariaux les plus élevés pour les aligner sur les pays qui ont les coûts les plus faibles, et cela au nom bien sûr de la croissance…

Jean-Claude TRICHET, Gouverneur de la Banque de France et candidat de Jacques CHIRAC pour le poste de Gouverneur de la BCE, le confirme également puisqu'il a, lors de sa conférence de presse présentant les objectifs de politique monétaire pour 1998, répondu à une question posée sur les 35 h : **« toute réforme envisagée doit être passée au crible des coûts unitaires de production ».**

2– L'indépendance de la Banque Centrale Européenne.

JP Petit, toujours dans l'AGEFI (2/497) explique : « À partir du moment où l'on admet le primat de la stabilité des prix, l'indépendance de la Banque Centrale se justifie aisément »

Effectivement, l'indépendance de la BCE n'est pas un dogme, mais un moyen nécessaire à la réalisation de l'objectif final qui est de contraindre à aligner par le bas les coûts de production, c'est-à-dire de détruire et démanteler les positions et les acquis du prolétariat en Europe.

Et dans cette affaire, qui est très sérieuse, il faut bien sûr interdire au pouvoir politique de gêner en quoi que ce soit sa réalisation. Josette Peyrard, professeur à Paris-XII, explique dans l'AGEFI du 28/1/97 : « Le SEBC est indépendant des gouvernements. Il est prévu que ses membres ne peuvent accepter d'instructions de leurs gouvernements ».

Ni personne d'autre ?

Jean-Pierre Petit (l'AGEFI du 21/3/97) répond : « Au-delà du pouvoir politique proprement dit, les banques centrales indépendantes ne peuvent agir isolément de leur environnement et sont, sans cesse soumises aux diverses pressions provenant notamment des organismes sociaux professionnels dont le pouvoir de persuasion peut finalement être aussi fort que celui de la classe politique ».

« L'indépendance » de la BCE à l'égard du pouvoir politique est donc fondamentale pour mener à bien cette politique. La BCE sera donc la plus indépendante de toutes les banques centrales indépendantes. C'est en effet un traité international, celui de

Maastricht qui fixe cette indépendance, et cela est bien plus solide puisqu'aucun gouvernement ne pourra unilatéralement revenir dessus, ni même le Conseil de l'Europe. Plus solide donc que l'indépendance des Banques Centrales nationales qui peut a priori être remise en cause à tout moment par les parlements nationaux… ce qui ne sera donc pas le cas de la BCE.

Il faudrait rééquilibrer le pouvoir politique face à celui de la BCE, disent les Cassandres de « gauche ». Ce sont ces mêmes Cassandres qui viennent de décider de la création d'un tout nouveau Conseil de l'Euro… qui sera informel et sans aucun pouvoir décisionnel.

En somme, **UN OBJECTIF : LES COÛTS DE PRODUCTION**, c'est-à-dire les salaires et les acquis sociaux, **UN MOYEN, L'INDÉPENDANCE** complète de la BCE vis-à-vis des États et des gouvernements.

La BCE serait donc à la fois le gardien du temple des intérêts de l'impérialisme et le « big brother » de sa mise en œuvre. Le traité de Maastricht le rappelle pour qui n'aurait pas encore compris ou ferait semblant de comprendre autre chose : « le SEBC doit se conformer au principe d'une économie de marché ouverte dans un contexte de libre concurrence ».

6 juillet 2006

Rompre avec Maastricht pour reprendre à la BCE le pouvoir monétaire et l'exercer en toute plénitude, c'est une des tâches qu'une assemblée constituante ne manquerait pas de se fixer comme objectif

Éléments de réponse aux deux questions présentées ci-après

« Est-ce que la sortie de l'Euro ne conduirait pas à une attaque de l'ensemble des capitalistes contre le franc et à l'effondrement de toute monnaie nationale ? Dans les conditions actuelles de la "mondialisation", comment une monnaie nationale peut-elle encore tenir ? »

*****

Ces deux questions reprennent le même thème : peut-on au niveau *« national »* faire autre chose que ce que font la *« mondialisation »* et *« l'ensemble des capitalistes »*. La formulation utilisée suggère des réponses : sortir de l'euro conduirait à *« une attaque de l'ensemble des capitalistes »* et à *« l'effondrement de toute monnaie nationale »* ; de même, face à la mondialisation, une monnaie nationale ne pourrait *« tenir »*.

Avec une approche très superficielle, on pourrait expliquer que la formulation de ces questions induit d'accepter l'euro et la mondialisation puisque ne pas le faire conduirait d'une part à des catastrophes et que, d'autre part, cela est relativement vain, voire ridicule (comment une monnaie nationale peut-elle encore tenir ?).

« Sortir » de l'euro ?

Sortir de l'euro comme le mentionne la question posée implique que l'on y soit entré. Or le passage du franc à l'euro n'a pas été et ne pouvait pas être une « entrée » d'une monnaie dans une autre, puisque l'euro n'est pas une monnaie. L'Euro, c'est au plan de la technique monétaire, une simple unité de compte, c'est-à-dire une façon de compter et, au plan politique, le prétexte qui a été donné pour transférer le pouvoir monétaire, principal pouvoir économique, des mains des États nationaux à la Banque Centrale Européenne, superstructure qui échappe au contrôle des représentations nationales.

L'Euro, c'est une simple unité de compte…

C'est-à-dire une façon de compter. L'Euro reprend en effet les caractéristiques de l'Écu, panier de devises, qui avait été créé il y a plusieurs dizaines d'années. L'Écu était une façon de compter en prenant la valeur du dollar contre un petit bout de chacune des monnaies des pays composant l'Europe. Le « passage » à l'Euro a ainsi été fait dans le cadre d'une contrainte : assurer la continuité de la valeur de l'Écu contre le dollar afin de préserver la continuité juridique des contrats libellés en Ecus. Cela était indispensable puisque, à côté des monnaies nationales, des montants importants de dettes et de créances avaient été libellés en Écu pendant de nombreuses années. Ces dettes et ces créances n'étant bien évidemment pas toutes arrivées à échéance au moment du lancement de l'Euro, il fallait bien que l'Euro assure la continuité de l'Écu.

… Et pas une monnaie

La monnaie n'est pas une simple façon de compter. Les expériences de création d'unité de compte sont innombrables dans l'histoire des monnaies. Elles ont pris les formes les plus diverses : des droits de tirages spéciaux (DTS), créés en mars 1968 à la suite de la suspension de la convertibilité externe du dollar en or (création d'un double marché de l'or)… aux billets du Monopoly. La monnaie ne peut en effet se résumer en une technique, elle est indissociable de la notion d'État (le pouvoir de battre monnaie) et de marché sur lequel elle s'applique. À cet égard, il n'y a pas plus de monnaie européenne, qu'il n'y a d'État et de marché européen. La création d'un marché européen relève de la fiction et du mensonge que la fusion-absorption d'Arcelor par Mittal ou du rapprochement de Renault-Nissan avec General Motors mettent particulièrement en évidence. Le terme de marché européen sert de prétexte à la politique d'ouverture des marchés qui consiste en fait à détruire les protections et les droits nationaux, qu'il s'agisse des formes nationales du droit de propriété, des droits des consommateurs, de la fiscalité et bien évidemment des droits du travail et de la protection sociale. Il n'y a ainsi ni marché européen, ni entreprise européenne (la « crise » d'EADS est symptomatique à cet égard), ni patronat européen, mais destruction des structures et des droits nationaux afin d'ouvrir la voie aux produits, marchandises et investissements étrangers, et notamment américains.

L'euro, c'est aussi une opération spectaculaire de destruction physique des monnaies nationales et de remplacement par de nouvelles vignettes. Gigantesque chantier, très coûteux et très psychologique…

Il faut avoir en effet en tête que **la monnaie métallique** (les pièces de monnaie) **et la monnaie fiduciaire** (les billets) **ne représentent, en France, qu'environ 7 % de ce qu'on appelle « la monnaie » ou bien encore « la masse monétaire »**. La différence, plus de 90 %, est constituée de la monnaie dite scripturale, c'est-à-dire des soldes créditeurs des agents économiques non financiers (les entreprises, l'État, les ménages) sur les livres des établissements de crédit. Cette monnaie scripturale est créée par une simple écriture comptable lors des opérations de crédit. Depuis la Première Guerre mondiale (et en août 1971, le Président américain NIXON décidant de l'inconvertibilité du dollar rompait définitivement le lien entre cette monnaie et l'or), la monnaie n'est plus la contrepartie d'un stock d'or (celui qui est conservé à la Banque de France a une valeur inférieure à

50 milliards d'euros à comparer à la masse monétaire évaluée à 1290,4 milliards d'euros) ni aucune valeur physique existante, c'est simplement la contrepartie des crédits accordés aux agents économiques dont on espère qu'ils contribueront à créer une richesse nouvelle, additionnelle. Ce pouvoir exorbitant qu'on les banques de créer de la monnaie par un simple jeu d'écriture doit bien évidemment être encadré, contrôlé et théoriquement, correspondre à de la valeur à venir, c'est-à-dire une production de richesse supplémentaire. **Décider la quantité de monnaie scripturale que les banques commerciales vont avoir le droit de créer, c'est ce qu'on appelle la politique monétaire. Il s'agit d'un pouvoir économique fondamental. En effet, pour un État, la quantité de monnaie (la monnaie n'étant que la contrepartie des crédits accordés) que les banques commerciales vont pouvoir créer est un levier essentiel pour inciter ou dissuader les agents économiques à produire et à consommer.**

L'euro a été le prétexte pour arracher les prérogatives économiques des États de la zone. Depuis « l'Euro », les décisions de politique monétaire, en bref la quantité de monnaie que peuvent créer les banques commerciales et son corollaire, le prix de base du crédit, ont été transférés des États nationaux à la Banque Centrale Européenne. Les décisions de politique monétaire sont dorénavant prises par le Conseil des Gouverneurs de la BCE et des Banques Centrales nationales. Pour autant, le système n'est pas fédéral et les gouverneurs ne représentent ni leur nation ni leur gouvernement. En effet, Christian Noyer, à l'époque où il était Vice-président de la BCE, n'expliquait-il pas que « les gouverneurs eux-mêmes siègent au Conseil ad persona et non pour représenter leur banque » (l'AGEFI di 21/12/2001)… il faut que plus aucun lien avec les États nationaux ne subsiste…

Pour être complet, il faut aussi dire que la politique monétaire inclut généralement la politique de change. La politique de change repose sur le fait que la valeur d'une monnaie par rapport à celle d'un autre pays exprime la différence des niveaux de l'activité économique entre les deux pays, corrigée des évolutions de prix respectifs. Dans notre système de change variable d'aujourd'hui, ce sont les marchés et non les gouvernements qui décident de la valeur des monnaies. Dans ce cadre, la seule façon d'intervenir à court terme pour la puissance publique sur la valeur d'une monnaie est de faire varier le niveau des taux d'intérêt par les interventions sur les marchés de la Banque centrale. Une hausse des taux se traduira ainsi par une amélioration de la valeur de la monnaie, puisqu'il devient plus intéressant de placer de l'argent dans cette monnaie, compte tenu de la hausse des taux. À l'inverse, une baisse de taux se traduira par une baisse du taux de change. **Rappelons que des évolutions du taux de change vont dépendre les capacités exportatrices des entreprises nationales et donc le niveau de la production nationale et de l'emploi.**

Si, en principe, la Banque Centrale Européenne n'a aucun rôle ni aucun pouvoir en matière de politique de change, le fait qu'elle fixe le niveau des taux d'intérêt en Europe revient de fait à ce qu'elle exerce pleinement de pouvoir.

Après la BCE et le Traité de Maastricht, les gouvernements nationaux ont ainsi été totalement dépossédés de tout pouvoir économique, les marges de manœuvre de la politique budgétaire sont interdites par le Traité (les fameux 3 % de déficit autorisé rapporté au produit intérieur brut, le PIB), le pouvoir de régulation monétaire est exercé par la BCE, de même, en fait, que la politique de change.

Rappelons simplement pour tous ceux, et notamment pour ceux qui se réclament frauduleusement du trotskisme et qui en son nom prônent de « réorienter » l'activité de la BCE, que cette dépossession par la BCE du pouvoir de politique monétaire est gravée dans le marbre du traité de Maastricht. Le Traité stipule en effet dans le protocole sur les statuts du système européen de banques centrales et de la banque centrale européenne, Chapitre III, *Article 7*, Indépendance : *Conformément à l'article 107 du traité, dans l'exercice des pouvoirs et dans l'accomplissement des missions et des devoirs qui leur ont été conférés par le traité et par les présents statuts, ni la BCE, ni une banque centrale nationale, ni un membre quelconque de leurs organes de décision ne peuvent solliciter ni accepter des instructions des institutions ou organes communautaires, des gouvernements des États membres ou de tout autre organisme. Les institutions et organes communautaires, ainsi que les gouvernements des États membres s'engagent à respecter ce principe et à ne pas chercher à influencer les membres des organes de décision de la BCE ou des banques centrales nationales dans l'accomplissement de leurs missions.*

Récupérer le pouvoir monétaire

Outre le fait que ce qu'une loi a pu faire, une autre loi peut le défaire, il n'y a véritablement guère d'obstacles techniques à « revenir au Franc ». En effet, la coexistence d'une monnaie nationale avec une ou plusieurs devises supranationales est bien évidemment possible. Les monnaies de la zone euro ont coexisté pendant plusieurs décennies ave l'Écu, l'ancêtre de l'Euro, qui avait été construit comme l'Euro, sur un panier de monnaies.

Que la décision de refaire circuler du franc, sous forme scripturale et sous forme fiduciaire, ne soit pas appréciée des marchés financiers et des « capitalistes » cela paraît évident. La réponse à cela renvoie aux fondements mêmes de notre politique qui n'a jamais été de faire… le socialisme dans un seul pays…

Récupérer le pouvoir monétaire est une tâche fondamentale qu'une assemblée constituante exigerait probablement et que la Banque de France, dont l'unique actionnaire est l'État français, saurait techniquement remettre en œuvre avec l'appui de la Direction du Trésor, du ministère des Finances (appelée bien mal aujourd'hui Direction Générale du Trésor et de la Politique Économique). Récupérer ce pouvoir ne peut se faire sans rompre avec le Traité de Maastricht puisqu'il stipule que la BCE *« ne doit pas accepter des instructions… des gouvernements »* et que ceux-ci *« s'engagent à respecter ce principe » « et à ne pas chercher à l'influencer… »* !

*****

Le lancement de l'euro a été une opération politique destinée à arracher des mains des gouvernements nationaux le pouvoir monétaire, principal pouvoir économique depuis la fin des années 70. Le Traité de Maastricht inscrit en toutes lettres sous le vocable d'indépendance la dépossession des prérogatives historiques des États nationaux que représente le vieux pouvoir de « battre monnaie ». Si l'on ajoute à cela les autres critères économiques du traité, déficit budgétaire limité à 3 % du PIB et endettement inférieur à 60 % du PIB, on peut ainsi affirmer que les nations ont été spoliées de leur pouvoir économique pour être exercé par une structure « indépendante » des élus, ce qui ne peut entraîner mécaniquement que dépendance à l'égard des puissances économiques et des marchés.

Rompre avec Maastricht pour récupérer et exercer en toute plénitude le pouvoir monétaire, c'est une des tâches qu'une assemblée constituante ne manquerait pas de se fixer comme objectif.

Imprimé en Allemagne
Achevé d'imprimer en mai 2023
Dépôt légal : mai 2023

Pour

Le Lys Bleu Éditions
40, rue du Louvre
75001 Paris

www.ingramcontent.com/pod-product-compliance
Lightning Source LLC
La Vergne TN
LVHW010549160826
845677LV00013B/3057